엄마 라이프

by 땡굴마님 이혜선

for book

철부지 아내로 살면서 공작 놀이를 하던 작업실을 비웠어요. 내 새끼들 방을 만들려고요.

2013. 09.

너희들을 기다리며

어떻게 해 줘야 하는지, 왜 우는지, 어디가 불편한지, 매일 쩔쩔맸던 그때 그날들.

2013. 10.

우리, 처음 만났을 때

2013. 11.
너희, 내 새끼가 되었어

손님처럼, 두 아이가 집으로 왔습니다. 잘난 척을 일삼던 저희 집 남자가 자꾸만 당황했어요. 살림이라면 자신 있던 저도 바보가 된 듯 우물쭈물했습니다. 우린 그저 두 아이가 기뻤으면 했습니다. 우리 집으로 와서 좋았으면, 내가 엄마여서 마냥 행복했으면, 저 사람이 아빠인 게 다행이었으면. 그래서 아직은 너무도 어린 두 아이의 눈치를 살피느라 전전긍긍했습니다. 엄마가 된다는 것이 이런 거였구나, 아빠는 이래야 하는구나, 매일 배웠습니다.

울지 마라. 그래, 미안해. 뭐 해 줄까? 배고파? 똥 쌌어? 묻고 물으며 차근차근, 매일매일, 한 발짝씩 엄마가 되고 아빠가 되었습니다.

그러는 동안 우리 부부는 비로소 어른이 되었습니다. 어른이 된다는 것이 얼마나 힘들고 고된 일인지를 알게 되었습니다. 땡굴마님 이혜선, 사실남 양승봉. 어느 날 갑자기 우리는 또 그렇게 엄마가 되고 아빠가 되었습니다.

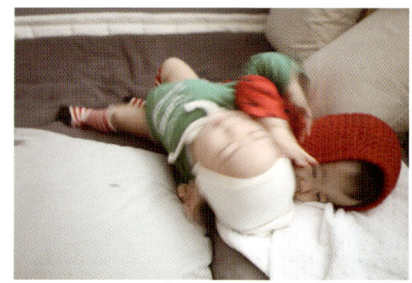    

기저귀를 갈고, 손톱을 깎았습니다. 업고, 안고, 까꿍까꿍 하고 우유를 탔어요.
그러면서 떨렸습니다.

2014. 06.
요러~언! 말썽꾸러기들

 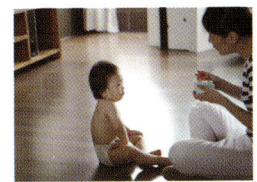 

육아 도우미가 필요하다고들 했지만, 그럴 수가 없었습니다. 낳아 주지도 못 했는데… 그 미안함을 씻고 싶어서요. 두 배 더, 열 배 더! 엄마가 다 해 줄게, 매일 결심하면서 하루하루를 보냈습니다. 그런데요. 이때는 말이에요. 남편이 출근한 그 순간부터 남편이 퇴근하기를 기다렸던 것도 같습니다.

2015. 01.

너희들도 살림이 좋니?

아이 둘을 돌보면서도 살림에 대한 집착을 버리지 못해 종일 쓸고 닦았죠. 그런 제 모습을 보고 배운 아이들. 따라쟁이처럼 자꾸자꾸 살림을 했다니까요. 베란다에 마련해 놓은 아이들의 부엌. 하루 종일 지지고 볶는 소리가 요란했던 곳입니다.

2015. 09.
우리, 같이 나가 놀까?

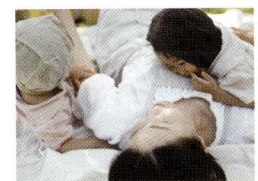

잘 걸을 수 있게 된 이후로는 휴일이면 무조건 가출을 감행했죠. 뽈뽈뽈, 열심히 다녔답니다.

2016. 05.
열 일 하는 우리, 까꿍이

내가 할래요, 나는 할 수 있어요! 애들 둘이 언제나 하는 말입니다. 저를 닮았네요. 어린 날의 제가 딱 그랬다고 들었거든요. 엄마 대신 완두콩을 까 주고, 엄마 대신 걸레질을 해 주고, 엄마 대신 이불을 개켜 주는 아이들을 보면서 흐뭇흐뭇, 웃습니다. 제가 아주 효자들을 키우고 있네요.

엄마 라이프

by 땡굴마 남이혜선

for book

철부지 아내로 살면서 공작 놀이를 하던 작업실을 비웠어요. 내 새끼들 방을 만들려고요.

2013. 09.

너희들을 기다리며

어떻게 해 줘야 하는지, 왜 우는지, 어디가 불편한지, 매일 쩔쩔맸던 그때 그날들.

2013. 10.

우리, 처음 만났을 때

2013. 11.
너희, 내 새끼가 되었어

손님처럼, 두 아이가 집으로 왔습니다. 잘난 척을 일삼던 저희 집 남자가 자꾸만 당황했어요. 살림이라면 자신 있던 저도 바보가 된 듯 우물쭈물했습니다. 우린 그저 두 아이가 기뻤으면 했습니다. 우리 집으로 와서 좋았으면, 내가 엄마여서 마냥 행복했으면, 저 사람이 아빠인 게 다행이었으면. 그래서 아직은 너무도 어린 두 아이의 눈치를 살피느라 전전긍긍했습니다. 엄마가 된다는 것이 이런 거였구나, 아빠는 이래야 하는구나, 매일 배웠습니다.

울지 마라. 그래, 미안해. 뭐 해 줄까? 배고파? 똥 쌌어? 묻고 물으며 차근차근, 매일매일, 한 발짝씩 엄마가 되고 아빠가 되었습니다.

그러는 동안 우리 부부는 비로소 어른이 되었습니다. 어른이 된다는 것이 얼마나 힘들고 고된 일인지를 알게 되었습니다. 땡굴마님 이혜선, 사실남 양승봉. 어느 날 갑자기 우리는 또 그렇게 엄마가 되고 아빠가 되었습니다.

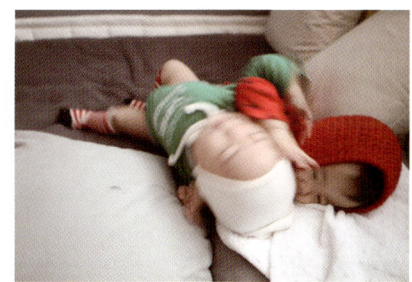

기저귀를 갈고, 손톱을 깎았습니다. 업고, 안고, 까꿍까꿍 하고 우유를 탔어요.
그러면서 떨렸습니다.

2014. 06.
요러~언! 말썽꾸러기들

육아 도우미가 필요하다고들 했지만, 그럴 수가 없었습니다. 낳아 주지도 못 했는데… 그 미안함을 씻고 싶어서요. 두 배 더, 열 배 더! 엄마가 다 해 줄게, 매일 결심하면서 하루하루를 보냈습니다. 그런데요. 이때는 말이에요. 남편이 출근한 그 순간부터 남편이 퇴근하기를 기다렸던 것도 같습니다.

2015. 01.
너희들도 살림이 좋니?

아이 둘을 돌보면서도 살림에 대한 집착을 버리지 못해 종일 쓸고 닦았죠. 그런 제 모습을 보고 배운 아이들, 따라쟁이처럼 자꾸자꾸 살림을 했다니까요. 베란다에 마련해 놓은 아이들의 부엌. 하루 종일 지지고 볶는 소리가 요란했던 곳입니다.

2015. 09.
우리, 같이 나가 놀까?

 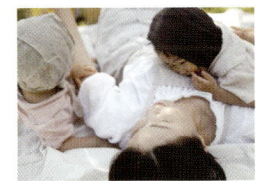 

잘 걸을 수 있게 된 이후로는 휴일이면 무조건 가출을 감행했죠. 뿔뿔뿔, 열심히 다녔답니다.

2016. 05.
열 일 하는 우리, 까꿍이

내가 할래요, 나는 할 수 있어요! 애들 둘이 언제나 하는 말입니다. 저를 닮았네요. 어린 날의 제가 딱 그랬다고 들었거든요. 엄마 대신 완두콩을 까 주고, 엄마 대신 걸레질을 해 주고, 엄마 대신 이불을 개켜 주는 아이들을 보면서 흐뭇흐뭇, 웃습니다. 제가 아주 효자들을 키우고 있네요.

2017. 03.
다섯 살 생일, 축하해!

유기그릇을 하나씩 꺼내 반짝반짝 닦아 보았습니다. 따뜻하게 지은 밥 한 그릇, 쇠고기 듬뿍 넣고 끓인 미역국도 한 사발씩. 해마다 생일이 오면 이렇게 엄마의 마음이 담뿍 들어 있는 정성 밥상을 차려 주겠지요. 그렇게 한 해, 한 해 지나다 보면 내 새끼들은 벌써 훌쩍 자라 있을 테지요.
벌써 다섯 살을 넘겼습니다. 곧 여섯 살, 곧 학교에 갈 테고, 곧 사춘기가 올 거고, 곧 엄마 아빠의 품을 떠나 더 큰 세상으로 향해 가겠지요. 지금을 충분히 사랑하자고 다시 마음먹습니다.
이 책은 그래서 세상에 내놓습니다. 저와 같은 마음을 지닌 또 다른 엄마, 또 어떤 아빠의 해바라기 같은 아이 사랑을 함께 나누고 싶어서 말입니다.

차례

[애들 엄마의 인사]
인사할게요, 애들 엄마 이혜선입니다. ● 020
[에프북의 고백]
저희들 귓속말 좀 들어 주실래요? ● 024
[시작하기 전에]
애들 오기 전, 엄마 아빠의 준비 ● 032

까꿍이들 코 자자 생활 습관 들이기

아이가 잔다, 아이 둘이 다 잔다, 나 이제 살았다!
: 잘 자게 하기 위하여 ● 046
[나의 재우기 비책] ● 049
[책에서 배운 엄마 공부 하나.] ● 052
낮잠 베개를 만들며 ● 054

우리들의 산만했던 날들
: 다사다난, 애들 키웠던 이야기 ● 058
모든 것이 다 처음, 처음 스킨십 ● 060
처음 이발 ● 062
이것도 처음, 처음 자전거 ● 064
그리고 내 새끼 은호의 처음 약 ● 066
[책에서 배운 엄마 공부 둘.] ● 070
사실은 엄마보다 아빠가
더 많이 키우고 있습니다 ● 074

집과 육아
: 거실을 아이 방으로 프로젝트 ● 076
빛을 좋아하는, 빛나는 아이들 ● 078
[프로젝트 1] 공간 분리용 구조물 설치하기 ● 082
[프로젝트 2] 부엌에 독서실 만들기 ● 086
땡굴 엄마의 독서 기준 ● 088
[양은호, 양은채가 보고, 즐긴 책 리스트] ● 092
[프로젝트 3] 놀면서 창의력 키우는 책상 코너 ● 094
[프로젝트 4] 까꿍이들도 살림이 좋아!
베란다에 애들 살림 집 ● 096
장난감 수납은 적층이 되는 상자가 답! ● 100

무한 반복 장난
: 장난감과 놀이 습관에 대하여 ● 102
나, 왜 그림 놀이가 좋아 보일까?
화가가 되고 싶었던 건가? ● 108

우리 넷의 약속
: 기념일은 반드시 기념해 주기 ● 110
우리 만난 지 1년 되던 날 ● 112
돌잔치 하던 날 ● 114
메리 크리스마스! ● 118

아이도 엄마도 자라고 있으니까
: 이렇게 컸으면, 키웠으면! ● 120
단발머리 은호 군 파마했어요 ● 122
가끔은 총각 같은 은채 아가씨 ● 126
엄마 아빠는 봐 주지 않습니다 ● 128
엄마 닮지, 그럼 누구 닮아? ● 132
선생님, 고맙습니다 ● 136

까꿍이들 맘마 먹자
이유식과 유아식 잘 먹이기

엄마는, 맘마다! • 140
〔밥상머리에서 엄마 공부 하나.〕 • 144

시시콜콜, 밥상머리 수다
: 세 살 버릇 여든까지 가고요,
  세 살 식습관 무덤까지 간대요! • 148

〔나의 먹이기 비책〕 • 150
〔밥상머리에서 엄마 공부 둘.〕 • 172

매일매일 전투 요리, 이유식을 시작하며
: 사랑은 한 숟갈만 넣고요, 자부심과 끈기는
  백 국자씩 넣으면 됩니다! • 174

애들 먹일 식재료는 반드시 유기농으로만! • 176
하루 한 냄비 맛있게 다 먹이기
다진 재료로 끼니마다 돌려 막기 신공 • 177
집에 오고 이틀 지나 열이 끓었던 은호,
함께 울면서 쒔었던 다시마무죽 • 178
애도 어른도 잘 먹는 명품 전복죽 • 180
이유식 맛내기의 기본,
떨어질까 두려운 쇠고기 육수 • 182
잘 말려서 가차 없이 부숴요!
이유식 도우미, 홈메이드 후리카케 • 184

띵굴 엄마의 특별식
: 은호, 은채가 쌍 '따봉' 날려 주는
  인기 메뉴가 따로 있어요! • 190

까꿍이들의 첫 국수, 간단 콩국수 • 192
콩국수 이유식, 그 후 몇 년 • 194
엄마 텃밭의 진수를 보여 준 감자솥밥 • 196
감자그라탱, 아빠가 처음 만들어 준 간식 • 198
닭고기 산 날, 일석삼조 닭 요리
닭고기브로콜리완자 • 200
닭고기브로콜리동그랑땡 • 202
닭고기토마토소스조림 • 203
쇠고기찹쌀미트볼 • 204
파스타의 세계에 물들고 말았던!
로제크림소스현미파스타 • 206
어른 입에도 착착 붙는
요구르트 메시드포테이토 • 208
비장의 크림떡볶이 • 209
절반의 와플 • 212
〔밥상머리에서 엄마 공부 셋.〕 • 214
천도복숭아병조림을 맛있게 먹이는
네 가지 방법 • 216

유아식을 시작하며
: 점점 어른이 되어 가고요,
  엄마는 내 새끼가 눈물겹고요! • 220

부엌은 지금, 끓고 있어요 • 222
몰아서 반찬, 밑반찬 만드는 날 • 224
까꿍이들이 잘 먹는 가지가지 밥반찬들 • 226
두 개의 밥 공기 • 228
두 장의 매트 • 229

애들 음식 만들 때 기어코,
꼭 필요한 이것저것 밑 재료들 • 230
매일의 국, 매일의 반찬을 위한
해물 육수 그리고 저염 맛간장 • 231
애들 입맛 확 돋우는 닭가슴살간장비빔국수 • 232
마늘메추리알맛간장조림 • 234
맛간장의 또 다른 활약! 다시마무조림 • 235
밥상의 감초, 달걀맛간장조림 • 236
아보카도달걀밥 • 237
고추장 맛 부럽지 않은 맛간장 제육볶음 • 238
콩, 까던 날 • 240
깠으니까 먹자, 완두콩파스타 • 244
〔밥상머리에서 엄마 공부 넷〕 • 246
천군만마 배시럽 • 248
배즙 내리고 남은 건더기로! 배무조림 • 249
냉동실의 비상식량, 불고기 • 250
위엄 있다, 토마토소스 • 254
아삭 비타민 샐러드피클 • 256
아이 입맛 홀리는 리코타 치즈 • 258
바삭 닭봉양념구이 • 262

놀러 갈 때 도시락 밥
: 고생한 보람 천 배로 돌려주는
  휴대 메뉴입니다! • 264

처음 김밥 • 268
반찬 없이도, 차게 먹어도 맛난 건강 연잎밥 • 272
식빵보다 모닝빵!
한 번에 두 가지, 모닝빵샌드위치 • 274

오늘은 남편을 초대하는 날
: 애들한테 사랑을 몽땅 빼앗긴 내 남자,
  다독이는 날도 필요하니까요! • 276

오직 한 남자만 입장 가능한 집 식당,
남편 초대상 • 278
사랑과 건강을 그대에게!
미안할 때 바치는 해독 주스 • 280
영화처럼 살아 보기 걸쭉한 음식, 양배추롤 • 282
겹겹이 측은지심을 담아! 맑은 음식, 밀쾨유나베 • 286
굴튀김이 있는 음주 야식 • 288
뜬눈으로 지새운 그 아침, 첫 생일상을 차리며 • 290

까꿍이들, 어야 가자
아이들과 함께 인생 체험하기

우리 지나온 날들, 뒷모습 • 300
〔크는 아이들 곁에서 엄마 공부 하나.〕 • 306

당일치기, 콧바람 쐬기
: 기저귀와 이유식 떼기 전 가출 사연들 • 308

〔물불 안 가리고 놀아 본 나의 경험담〕 • 312
〔굳이 아이들 이고지고 집을 나서는 이유〕 • 314
〔세상 모든 곳이 아이들의 놀이터〕 • 315
돌 즈음 가출의 목표 지점, 엄마 텃밭! • 320
우리 넷의 아지트! 동네 고궁, 광릉 • 326
이층집에 대한 로망을 갖게 만든 숍 나들이 • 330

집 주변 떠나 조금 조금씩 더 멀리
: 출발 지시 내리는 아이들!
  습관성 가출증후군이 발동합니다! • 334

정말로 커피 한 잔, 강릉 테라로사 • 336
대자연을 망아지처럼! 용인 한택식물원 트레킹 • 338
꽃 속에 파묻힌 내 새끼들을 보았다,
고성 허니라벤더팜 • 340
애들은 장 보고, 어른들은 체험하는
양평 문호리 리버마켓 • 346
건강한 나들이 장소! 과천 마이알레 • 350
세계적인 건축가 안도 타다오의 뮤지엄 산 • 352
미술관, 개울물, 캠핑장까지!
양주 시립 장욱진미술관 • 356
모래 놀이 하고 바지락칼국수 쿨! 쉬운 바다,
을왕리 해수욕장 • 357
〔크는 아이들 곁에서 엄마 공부 둘.〕 • 358
할아버지 과수원에 놀러 간다고 쓰고
시월드에 일하러 간다고 읽는다 • 360
따는 족족 입으로 가져가는 블루베리 • 362
정든 사과나무와 작별하다 • 364

마음먹고 가서 자고 오는 주말여행
: 집이 제일 편하다는 깨달음을
  얻으러 갑니다 • 368

혼자만 알고 싶은 비밀의 숲, 양평 서후리숲 • 370
파주에서의 1박 2일, 미메시스 아트뮤지엄과
게스트하우스 지지향 • 376
큰맘 먹고 풀 빌라, 요나루키 • 378
〔크는 아이들 곁에서 엄마 공부 셋.〕 • 380
부산 송정해수욕장에 반하다 • 382

추억의 습작 같은, 기장 대룡마을 • 384
여름날의 야생 체험, 여수 송시마을 • 386
그리고 그 바다, 그리고 그 섬 여기 제주 • 390
제주 가면 꼭 들러 보세요, 핫플레이스 • 400
제주, 그곳의 숙소 • 404

맨땅에 헤딩하는 사서 고생 캠핑
: 그런데도 굳이 가는 이유 • 406

아이와 함께 떠나기 좋은 캠핑장 • 410

우리 넷, 두 번의 해외여행
: 힘들게 달콤했던, 심심하게 분주했던! • 414

처음 해외여행, 세부 • 416
다섯 살 생일 즈음의
방콕 시암캠핀스키는 별 다섯 개! • 420

〔보너스 페이지〕
까꿍이들 자라는 동안 잘 썼지!
: 아가 살림살이 리스트 • 422

기억 상자 • 423
나름, 신생아용품 • 424
아이 방 살림살이 • 430
어린이 식기 • 434
어린이집 용품 • 438
스킨케어 & 상비약 • 440

〔책을 덮으며〕
아주 잠깐 울 엄마 생각, 내 아빠 생각 • 442
해마다의 소박한 기록, 가족사진을 찍으며 • 446

애들 엄마의 인사

인사할게요, 애들 엄마 이혜선입니다.

출판사에서 [애들 엄마의 인사]라는 제목을 보내오면서 당장 프롤로그 원고를 내놓으라고 닦달을 했습니다. 키득키득, 일단 웃었습니다. 무슨 제목이 이런가, 해서요. 다른 책들 보면 제목도 굉장히 우아하게 지어 주고 그러던데!

그런데 사실은 이 제목, 엄청 좋았습니다. 애들 엄마, 우리 은호랑 은채 엄마. 얼마나 고마운 말인가, 그러면서요. 제 마음이 좋아하더라고요. 애들 엄마, 이 말을.

두 아이의 엄마가 된 지 벌써 몇 해나 흘렀습니다. 꿈만 같았던 날들입니다. 아니, 지금도 여전히 꿈인가, 하고 사는 순간이 많습니다. 애들 아니면 제가 언감생심 엄마라는 이름표를 달 수나 있었겠어요. 그러니 수시로 고마워해야지요.

낸다, 낸다, 했던 책을 수년이나 묵혀서 내놓습니다. 유난스러워 보일까 망설이고, 애들 키우는 게 무슨 자랑이냐 그러실까 두렵고, 허둥지둥 실수투성이로 애들 키우는 얘기가 전부 책에 담기면 어쩌나 해서 걱정이었습니다. 그러다가 아이고! 나도 모르겠다, 합니다. 어쩌면 제 실수들이 다른 애들 엄마한테는 콩알만큼이라도 도움이 될 수 있지 않을까, 셀프 위안을 삼으면서 말이죠.

울고 웃고 했던 시간들의 기록.

아니 어떤 모자란 엄마의 육아 일기장.

이런 책이구나, 하면서 열어 주시면 어떨까, 합니다. 먹이고, 입히고, 재우고, 버릇들이고, 이런저런 물건들 사들이고 하면서 보냈던 시간들을 시시콜콜 고백했으니까요. 그저 경험을 나눈다는 정도의 가뿐한 기분으로 말입니다. 그러니 조금 이상하고 말 안 되는 구석이 있더라도 쯧쯧, 하면서 봐 주셨으면 좋겠습니다.

지금도 엄마들은 애들한테 묶인 채 비지땀을 흘리고 있겠죠. 저도 그 비지땀, 흘리러 갑니다. 우리 까꿍이들, 놀이방에서 돌아올 시간이라서요.

세상의 모든 엄마들 파이팅!

a. 네오플랜, 유아 구명조끼(잠수함)
b. 네오플랜, 유아 구명조끼(오리)

b

에프북입니다, 저희들 귓속말 좀 들어 주실래요?

지금도 생생하게 기억하는 풍경이 있습니다. 그날, 2013년 10월 13일 오후였죠. 사무실 문을 똑똑 두드리며 땅굴마님 부부가 들어섰습니다. 각자 한 명씩, 낯선 아가를 품에 안고 말이에요. 울 것 같은 얼굴, 아니 어색한 얼굴. 그와 그녀의 표정이 그랬습니다. 친정이 없어서 여기가 친정이다, 늘 그 소리를 입에 달고 살더니 아이를 데려오는 그날, 맨 먼저 가짜 친정으로 왔던 거예요.
왜 그런지 우리들은 모두 눈물이 글썽. 밤톨만 한 녀석들을 서로 안겠다 하면서 마음이 전기를 맞은 듯 찌릿찌릿했습니다.
"애들 왜 안 울어?"
"왜 착해? 속상하게!"
"할머니야, 할머니! 애들아, 내가 할머니라구."
아이들에게 계속 말해 주었습니다. 그리고 이 말도 했습니다. 됐어, 이제. 다 됐다, 하고. 걱정 마, 괜찮아, 이제 된 거야. 내 마음속에서 솟구치던 말들입니다. 좋은 엄마, 좋은 아빠가 생겼으니 다 됐노라, 하고 말이에요.
혼자서 아이 둘을 돌보는 땅굴마님을 위해 팀을 짜기도 했습니다. 한 팀씩 번갈아 가며 땅굴마님 집으로 출근을 했죠. 가서, 그녀의 수고를 덜어 주고 싶었습니다. 혼자 두 아이를 살피며 얼마나 난감해할지, 얼마나 무서워할지를 잘 알아서 말입니다. 가면, 씻지도 먹지도 치우지도 못하고 초죽음이 된 마님이 반가이 문을 열어 반기곤 했습니다.
마음으로 함께 키운 아이들입니다. 그래서 이 책은 저희 에프북 식구들로서도 참 기특하고 고마운 기록입니다. 네, 그렇고말고요.

"대표님, 우리 애들한테 말해 줘야 해요. '너희들은 엄마도 둘이고, 아빠도 둘이야. 너희들은 생일도 두 개야' 하구요. 그런데 입이 안 떨어져요."

다 자란 어느 날, 느닷없이 알게 되지 않도록 미리미리 지속적으로 알려 주라고, 이것이 지침이라 했습니다. 아이들 스스로가 자신의 상황을 이해할 수 있도록 시간을 주어야 한다고 했어요.

가슴으로 낳은 엄마 아빠는 넘어야 할 산이 몇 개 있었습니다. 그들 부부, 그 산을 넘을 때마다 흔들렸습니다. 그래서 우스갯소리인 듯 말해 주었습니다. 천 번을 흔들려야 엄마가 되는 거라고. 다들 그렇다고. 원래 그런 거라고.

"함무니, 으노는 엄마가 두 개예요. 아빠도 두 개고요."

"생일도 두 개랬어요. 음, 음, 진짜 엄마는 우리를 키울 수가 없댔어요."

"그으래? 완전 부자네! 으노, 은치는 좋겠네!"

"네!"

"네! 쭈아요!"

재치 있고 명랑한 아이들, 양은호와 양은채.

잘 자라 주어 고마웠습니다.

땅굴마님 부부를, 그러니까 지 엄마와 아빠를 쏙 빼닮으며 자라요.

그러는 것이 정말 신기했습니다. 얼굴까지 쏙, 말투까지 쏙, 까다로운 성품이며 센스까지 쏙! 값진 사랑, 넘치는 사랑을 먹으며 그 아가아가들이 점점 어린이가 되고 있습니다.

"은호는 아빠 닮은 것 같아."

"은채는 엄마 닮았쥬?"

"아니, 엄마보다 예뻐!"

"ㅎㅎㅎㅎㅎ"

가까이서 본 띵굴 엄마는 웃기고, 센스 있고, 친구 같지만 그러나 단호합니다. 되는 일을 해 줄 때 넘치게 하듯, 안 되는 일은 주저 없이 안 된다고 말합니다. 그래서 아이 둘이 거짓말처럼 좋은 습관을 지니고 자라는가 봅니다. 저는 그렇게 못했어요. 좋은 습관, 좋은 정신, 좋은 매너 같은 걸 먹여 줄 시간이 없었고, 안쓰러워서 봐 주느라 못했죠.

마님의 이야기를 책으로 묶자 했던 데는 그런 일상사, 아이를 키우는 육아 일상사를 공유하고 싶다는 것이 가장 큰 이유였습니다. 〔엄마 라이프〕라고 이름 지은 것도 그래서였습니다. 엄마들에게는 자신들의 인생보다 엄마로서의 인생, 그 라이프가 더 중요한 법이니까요.

엄마로 산다는 건 기적 같은 겁니다.
그 많은 일들을,
그토록 고단한 날들을,
그렇게 기쁘게 해낼 수가 없으니까요.
그러니 엄마인 우리는 모두 놀랍게 위대한 사람들인 거예요.

이 책이 엄마들의 친구가 되었으면 좋겠습니다.
웃고, 감동하고, 박수 치며 좋아했던
넘어지고, 울고, 가슴 쓸어내렸던
띵굴마님의 육아 이야기는 우리 모두의 것이기도 하니까요.
우리는 그렇게 엄마가 되고, 엄마로 살고 있으니 말입니다.

에프북 왕언니, 쓰다.

시작하기 전에

애들 오기 전,
엄마 아빠의 준비

애들이 오자마자 자기들 방으로
막 걸어 들어가고 그럴 리는 없으니까.
그러니 방이 지금 당장 꼭 필요한 건 아니지만,
각 맞추는 거 좋아하는 나로서는
무엇보다 아이 방 만들기가 급선무였다.
물론, 아이들 방은 우리 부부 둘이 직접 꾸몄다.
아이들이 집으로 오기 한 달 전쯤의 일이었다.

소꿉놀이하던 나의 살림 작업실을 지구 바깥으로 보내 버렸다.
없어도 돼! 지금부터는 내 새끼들이 최고야!
마음이 저 혼자 열심히 말하고 있었다.
여기는 이제 우리 아이들의 방이 될 거다.
전문가의 도움을 받으면 쉽게 끝낼 일이지만 그러지 않았다.
다른 엄마들은 뱃속에 아가 품고 진짜 고생하던데.
이런 과정마저 없으면 애들한테 미안할 것 같았다.
그래서 남편과 나 둘이서 같이 땀을 흘려가며 방을 단장했다.
그 시작은 천연 페인트칠!
냄새 없고, 사람에게 무해한 친환경 페인트로 새 옷을 입혀 주는 일이었다.
가구는 우선 두어 가지만. 걸어 놓는 옷장이랑 접어 넣는 서랍장.
그리고 잡동사니 수납에 좋은 앵글식 서랍 가구도 하나.
나무 가구는 나의 단골 목공소에 그림을 들고 가서 만들어 주세요, 했고
원목 나무로 도착한 뒤 직접 페인팅을 했다.
벽지 위에는 벽지용 수성 페인트,
가구에는 가구용 페인트!
플라스틱 서랍과 철제 서랍이 있는 수납 가구는 [홈즈]라는 브랜드의
4단 서랍장과 6단 서랍장이다.
제법 많은 양의 수납이 가능해서 지금까지도 잘 쓰고 있는 품목 중 하나다.
크기도 모양도 다양한 아가들의 살림살이를 수납하는 데는 역시 서랍장이 최고!
아이들 방은 오직 두 아이를 재우고, 옷가지들을 수납하는 정도의
침실로만 활용할 계획이라서 별다른 꾸밈없이 꼭 필요한 살림살이들만 들어 놓았다.

a. 던에드워드 페인트. 대리점에서 컬러칩을 보고 색상을 고르면 좋다.

앉아서 무얼 만들고, 글을 쓰고, 책을 보고,
온라인 쇼핑을 하던 내 자리, 너는 이제 안녕.

엄마 아빠의 준비

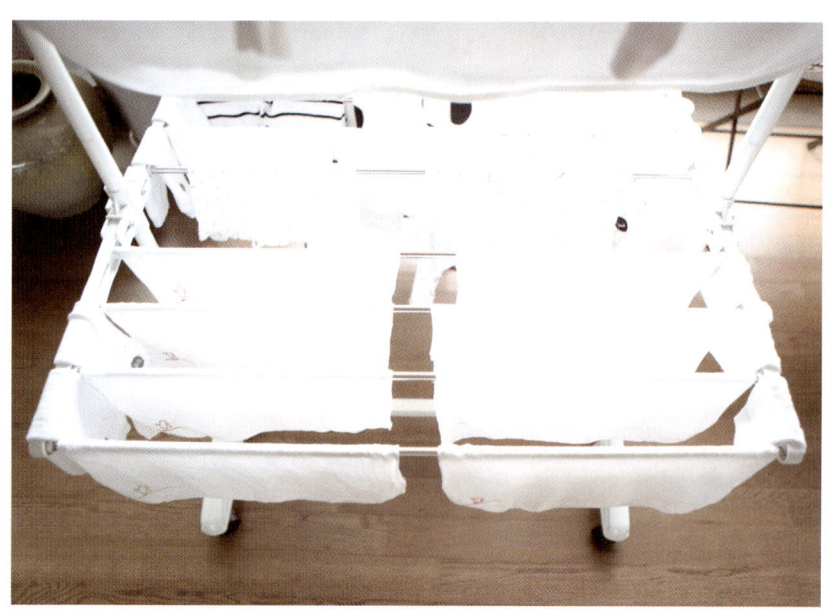

우리, 우리 어서 만나자!
우리 만나면 엄청 잘해 줄게!
엄마가, 아빠가 따뜻한 언덕 해 줄게.

엄마 아빠의 준비

전부 손으로 비벼 빨고, 베이킹소다를 넣고 폭폭 삶아서 살균한 아이들의 옷과 소품들.

a. 아기 덧신, 위메프에서 구입

빨래가 말라 가는 동안 나는 두근거리거나 혹은 두려운 마음으로 아이들을 기다렸다.

안녕?

우리 딸, 양은채
우리 아들, 양은호

엄마 아빠의 준비

까꿍이들, 코 자자
생활 습관 들이기

아이가 잔다,

아이 둘이 다 잔다.

나 이제 살았다!

: 잘 자게 하기 위하여

한 놈씩 차례대로 재워서 운동장만 한 안전 패드 위에다 눕히고 돌아설 때, 나는 숨도 쉬지 않았다. 흡흡, 숨을 들이마신 채로 발뒤꿈치를 들고 걸어서 방을 나왔다. 개미 소리도 내면 안 되니까. 한 아이가 깨면 다 깬다.

방문을 닫고 돌아서면서 만세를 불렀다. 자유 시간이 돌아왔으니 밥도 한 술 뜨고, 세수도 하고, 무엇보다 밀린 집안일도 좀 할 수 있어서 엄청 좋았다. 거울을 보면 눈곱도 끼고, 머리는 산발이고! 어우!

무슨 배짱이었는지 모르겠는데 처음에는 아이 둘을 혼자 보살폈다. 경력도 없는, 준비도 못한 왕초보 엄마가 웬 자신감이었는지! 이웃들이 번갈아 와서 돕고, [에프북] 식구들이 둘씩 짝지어 와서 봐 주고 그랬던 기억. 물론 나중에는 항복하고 프로 어르신의 도움을 좀 받았지만, 그것도 그리 길지는 않았다.

놀라운 것은 저 때, 저맘때부터 지금까지 우리 애들은 여전히 7시만 되면 혹은 늦어도 8시면 수면 모드로 돌아선다는 것이다. 또래 엄마들이 가장 열렬히 부러워하는 습관 중 하나다. 어떻게 하면 그럴 수 있냐고 묻는 사람들에게 자신 없이 소심하게 말했었다.

"엄마가 살아야 애들도 사니까.
우리 애들이 자야 내가 살 수 있으니까.
수면 습관 들이기는 엄마인 나한테도
아주 독한 훈련이었다니까."

내가 이렇게 말하면 고개를 끄덕이는 이도 있고, 너무 독하다고 말하는 친구도 있었다. 인정! 물론 나도 마음 약해지는 순간이 수시로 찾아오기도 했는데, 그럴 때마다 안간힘을 쓰면서 참고 견뎠다. 지금 이 순간이 고비야, 라고 생각하면서 독하게 넘겼다고 할까. 그러고 보면 내가 좀 독한 구석이 있기는 한 것 같다.

그렇게 길러진 습관 덕분인지 아이들은 여전히 제 시간에 잠들어 푹 자고, 알람시계처럼 제 시간에 일어나 우리 부부의 침대로 온다. 예전에는 오면 어리광도 좀 부리고, 맘마를 외치고, 품 안으로 파고들고 그러더니 훌쩍 자란 요즘은 이런다.

은호 : 아빠, 일어나세요. 아빠랑 놀고 싶어요.
은채 : 나도 아빠랑 놀고 싶어요.
나 : 아빠는 엄마 건데.
은채 : 아닌데. 은채 아빤데.
은호 : 은호 아빠예요.
나 : 아니야. 아빠는 엄마 거라니까. 엄마가 골랐는데.

아빠는 엄마 거라고 강력 주장하는 말에 나의 엄격한(?) 아들이 조용하게 가르쳐 주었다.

은호 : 사람은 골랐다고 하는 게 아니에요. 그건 물건한테 하는 말인데.

내가 요즘 아주, 우리 은호한테 배우는 게 많다. 영재 검사, 받아야 하는 거 아닌가 몰라.

〔양은호, 양은채의 수면 습관〕

1 스스로 잔다. 재워 주지 않아도.

2 1년 365일 중 320일 이상은 밤 7시 무렵이면 자러 들어간다.

3 아침 6시가 될 때까지 깨지 않고 내처 잔다.

〔나의 재우기 비책〕

1 두 아이 모두 워낙 잠을 푹 자고, 잘 자는 성향이기도 했지만, 무엇보다 이제 잘 시간이라는 신호를 주었다. 해질 녘, 그 무렵이 우리끼리 합의된 신호다. 물론 아이들이 자라면서는 그 규칙에 때때로 의문을 던지기도 한다. 예를 들어 해가 길어지는 여름이면 "아직 해가 떠 있는데요?"라는 식의 의문을 제기하기도 하는 것. 하지만 적어도 집에 있을 때만큼은 예외란 없다. 아이들 방의 커튼을 닫고, 조도를 낮춰서 자고 싶은 분위기를 만들었다. 아! 잠들 무렵에 틀어 주는 졸음 쏟아지게 만드는 클래식 자장가도 한몫 담당!

2 숙면을 위해서는 규칙적인 식습관이 먼저. 든든하게 먹인 후 충분히 소화할 시간을 갖게 했다. 먹은 게 부실하면 푹 잘 수 없으니까.

3 우리 아이들은 처음부터 따로 재웠다. 어른들의 뒤척임이 오히려 아이들의 숙면을 방해할 수도 있고, 무엇보다 엄마도 잠을 자야 하루 종일 원만한 육아를 할 수 있다는 생각 때문이었다. 그래서 아이 때문에 부부가 각방을 쓰는 일은, 아직껏 없다.

4 아이들 방에는 되도록 장난감을 두지 않았다. 가뜩이나 자고 싶지 않은데 눈앞에 장난감이 있다면? 그 유혹을 뿌리치기가 쉽지 않을 테니까.

5 규칙적으로 잠드는 습관을 갖게 하기 위해서 우리 부부도 저녁 일곱 시가 되면 잠시 목소리를 낮추고, 움직임을 줄였다. 엄마 아빠는 한낮처럼 움직이면서 아이들만 재우려고 하면 아이들이 벌써 눈치 채고 자려고 하지 않기 때문이다.

낮잠은 환한 곳에서 간식을 먹듯 가볍게!

졸듯이 자는 낮잠은 점퍼루에서!
한 아이는 업고,
한 아이는 여기에 앉힌 뒤
흔들흔들 해 주곤 했는데
업혀 있는 아이보다
먼저 잠드는 건
언제나 점퍼루 위의 아이였다.

우리 아이들 밤잠 재우기 멘토,
파멜라 드러커맨의 책 〔프랑스 아이처럼〕

미국 출신의 저널리스트였던 파멜라는 프랑스 아이들이 '생후 4개월이면 모든 아기가 깨지 않고 12시간을 내처 잔다'는 사실에 경악한다. 하지만 정작 프랑스 부모들이 수면에 대해 조언하는 것은 매우 간단하다.
낮 동안에는 환한 곳에 두고, 밤에는 어두운 곳에 두는 정도다. 심지어 낮에는 잠을 자는 동안에도 환하게 해 둔다는 것. 또 하나는 아기를 조심스럽게 관찰하고 아기 본연의 '리듬'을 따라가라는 것이다. 저자는 프랑스 출신 의사 미셸 코헨의 조언을 통해 매우 합리적인 방법을 발견한다.

1 가장 먼저 하는 조언은, 아기가 태어난 직후 밤마다 칭얼거려도 곧장 달려가지 말라는 것. 아기 스스로 마음을 달랠 기회를 갖도록 반사적인 반응을 하지 말라는 것이다. 출생 직후부터.
프랑스에서는 우는 아이에게 다가가기 전에 잠깐 멈추는 엄마나 베이비시터들이 많다. 아기는 본래 자는 동안 많이 움직이고 소리도 많이 낸다. 그럴 때마다 부모가 달려가 안아 준다면 그 행동이 오히려 아기를 깨울 수 있다. 잠깐 멈추기가 필요한 다른 이유는 '아이들은 약 2시간 정도 지속되는 수면 사이클 사이사이에 깨곤 한다!'는 사실 때문이다. 아기가 이 사이클 사이사이를 스스로 연결시키는 법을 터득하기 전에는 어느 정도 칭얼대거나 우는 게 정상이다.
하지만 부모가 이것을 배고픔이나 스트레스의 신호로 해석하고 곧바로 뛰어들어 아기를 달래 주면 아기 스스로 수면 사이클을 연결하는 방법을 배울 수 없게 된다. 다시 말해 각 사이클마다 어른이 찾아와 달래 줘야만 다시 잠들도록 '길들여지는 것'이다.
2 생후 4개월 안에 수면 교육을 하는 것이 효과적이다. 가장 기본이 되는 한 가지. 밤에 아이가 울더라도 바로 달려가지 말고, 5분이나 10분 정도 기다렸다가 간다.
3 아기가 수면 사이클 사이에 잠시 깬 건지, 배가 고픈 건지, 기저귀가 젖어서인지, 이것도 저것도 아니고 그저 불안해서 우는 것인지 등등을 파악할

필요가 있다.

4 아기들은 잠을 자면서도 눈동자를 굴리고, 소리를 내고, 빠는 시늉을 하기도 하고, 이리저리 움직이기도 한다. 하지만 실제로는 자고 있다는 사실을 알아야 한다.

5 수면 교육을 위한 생후 4개월 적령기를 놓치면 전문가들은 '울게 놔두기'와 같은 극단적인 처방을 권한다. 이 방법에서 가장 큰 장애물은 부모의 일관성 부족이다.

맞아, 맞아! 그렇지!

생후 6개월이 지나 아이들을 맞이한 우리 부부는 극단적인 처방을 선택할 수밖에 없었다. 두 아이는 다른 위탁 가정에서 보살핌을 받다가 왔기 때문에 잠자는 패턴이 완전히 달랐다. 수면 교육을 제대로 하지 못하면 우리가 먼저 우울증과 수면 부족으로 병원 신세를 지게 될 것이 뻔했다.

책을 몇 번이나 읽고 남편과 굳은 결심을 한 뒤 두 아이를 재우고 기다렸다. 처음 잠에서 깨어 칭얼거리기 시작할 때 5분 정도 기다렸는데 5분이 마치 5시간 같았다. 아이들 울음소리가 천둥처럼 귓속을 펑펑 때렸다. 그래도 기어이 5분을 채운 뒤 달려갔을 때, 아이들은 조금 진정된 상태였다. 첫날, 그렇게 서너 번 반복하며 뜬눈으로 지새우고 나자 이튿째는 밤이 오는 것이 두려웠다.

둘째 날은 기다리는 시간을 조금 더 늘렸다. 아이들이 칭얼거리기 시작하면서부터 10분 정도를 더 기다렸는데, 은호의 울음소리가 숨넘어가듯 하도 애통해서 나도 모르게 방문 손잡이를 돌리고 있었다.

"안 돼! 지금 들어가면 모든 게 허사야!"

냉정한 남편이 뒤에서 내 팔뚝을 잡아끌었다. 나도 같이 울면서 기다릴 수밖에 없었다.

"아이도 견디고 있는데 당신이 못 견디면 안 된다니까."

아빠는 엄마보다 확실히 냉정하다.

사흘째 되던 날부터는 15분을 넘기며 기다렸다가 아이들 방으로 갔는데 하! 놀라운 발전! 아이들은 스스로 다시 잠드는 방법을 터득하기 시작했다. 피를 말리는 극단적인 방법이었지만 결국 우리 가족 모두를 구원한 기다림이었다.

책에서 배운 엄마 공부 하나.

낮잠 베개를 만들며

집 꾸미고, 꽃을 꽂았다고, 서랍 정리 참 잘한다고 책을 내 주었다. 쿠션 커버 바꾸고, 냄비 받침 만들고, 닭날개 구워 먹고, 물건 사는 거 좋아하고 그러다가 저자가 된 사람이다, 나는. 바늘한테도 제 집을 만들어 주고, 향주머니도 만들었던 내가 아이들을 위해 무언가 만들지 않을 리가! 그래서 나는 내가 애들 속옷부터 이부자리까지 전부 다 만들어 줄 거라 믿었다. 그렇게 다짐했었다. 웬걸. 턱없는 망상이었다. 그런 허무맹랑한 생각을 왜 했던 걸까?

겨우 만든 낮잠 베개. 밤잠 베개로도 썼지만 그냥 만들면서 내가 붙인 이름이다. 폭신한 구름 솜을 과하지 않게 넣어 내 새끼들 머리 크기보다 조금 넉넉하게, 꼬꼬마 사이즈로 만들었다. 몇 개? 스물, 서른 개? 하여튼 무언가를 만들기 시작하면 꼭 이런다.

잔뜩 만든 낮잠 베개는 바구니에도, 수납장에도 차곡차곡 쟁여 놓았는데 많이 만든 보람이 있게 애들이 아주 잘 썼다. 무엇보다 자는 아이들의 머리에 내가 만든 베개를 받쳐 줄 때마다 가슴이 뜨끈뜨끈해서 좋았다.

아이들은 쑥쑥 큰다. 이젠 안전 매트 하나에 두 아이를 눕히기가 어려워졌다.

이부자리 한 채를 새로 들이며 떨리는 목소리로 말했다. "우리 애들 잘 크고 있나 봐!"

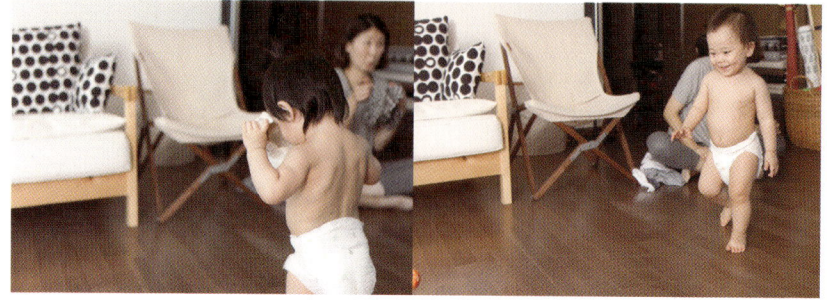

우리들의 산만했던 날들

: 다사다난, 애들 키웠던 이야기

생활 습관 들이기

모든 것이 다 처음, 처음 스킨십

a. 스토케, 플렉시바스 아기 욕조

b. 프레디렉, 대야

아이 둘을 홀랑 벗겨서 목욕탕으로 데리고 갔는데 어색했다. 깨질까 두려운 신생아가 아닌데도 그랬다. 이런 게 처음이라서, 나는 벌벌 떨면서 애들을 작은 아이들 욕조에 담가 주었다. 그런데 애들이 좋아해서 울 뻔했다. 우리 애들이 지들끼리 물속에서 까르르, 그래 주어서.

뾰족, 자란 손톱을 깎아 주면서도 벌벌 떨었다. 손톱 자르다가 살갗 다치게 할까, 나는 너무 무서웠다.

너무너무 배가 아파서, 설사가 나올 것 같아서, 엄마도 똥 좀 누자 하면서 애들을 두고 화장실로 갔다. 막 변기에 앉았는데 뿔뿔뿔 기어 온 은호가 그런 나를 빤히 보고 있었다. 어머머! 나는 부끄러웠다.

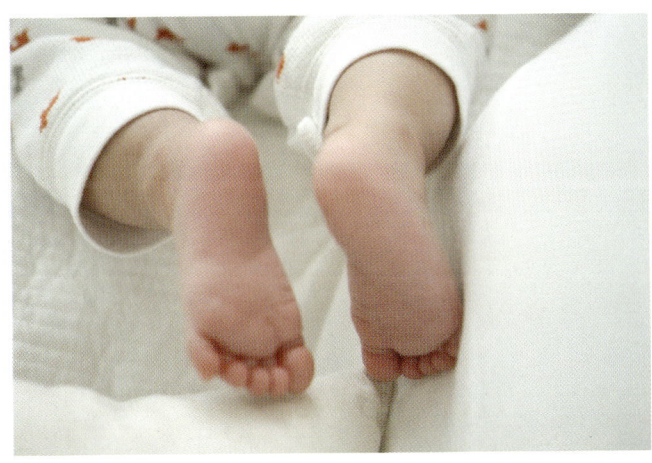

생활 습관 들이기

처음 이발

배냇머리를 전부 다 싹 밀어 주어야 한다는 사람도 있고, 그러지 않아도 된다는 사람도 있다. 배냇머리를 잘라야 머리카락이 튼튼하고 풍성해진다는 사람과 가만 두어도 애들 머리는 잘 자란다는 사람. 나는 자르지 않는 사람 쪽에 줄을 섰다.
왜냐하면 나란 여자는 스타일을 중시하는 사람이니까. 멀쩡한 머리카락을 다 밀어서 애들을 흉악스럽게 만들 게 뭔가. 특히 우리 공주님은 더더욱 그럴 수 없지.
무한 방치 상태로 두었더니 아이들 머리가 눈을 찌를 지경이 되었다. 머리카락이 눈에 닿을 때마다 은채는 헛바닥을 내밀어 머리카락을 치우려 했다. 그게 되겠나. 헛바닥이 머리에 닿을 리 있나. 무엇이든 셀프로, 핸드메이드로 하기 좋아하는 나, 땅굴 엄마! 가위를 들었다, 과감히! 미용사도 아닌데 잘할 수 있을지.

"은채의 머리카락을 썰어 주었어요!"

아이들 머리카락 손질하는 일이 세상에서 제일 어렵다는 엄마들이 꽤 있다. 미용실에 들어서기 무섭게 일단 울고, 보자기 씌우면 공포에 떨고, 가위가 보이면 자지러진다는 거였다. 그럴 것 같았다. 이해가 되었다. 무엇을 처음 시작할 때의 공포, 그런 게 있으니까. 그래서 나는 미용실에 데려가지 않고 내 손으로 이발을 해 주었다.

첫 실험 대상은 은채. 은호보다 덜 까탈스럽고, 조금 더 착한 우리 은채. 이발 가위를 들고 있는 나도 무섭고, 엄마한테 머리를 맡긴 은채도 무서웠을 테지만! 결론을 말하자면 아이 머리카락 자르기, 그리 어렵지 않다. 반듯하게만 자르면 되고, 조금쯤 실패해도 아이들은 잘 모르니까 괜찮다. 이다음 내 아이가 자기 머리카락을 잘라 주었던 엄마의 모습을 기억하면서 행복해할 거라는 믿음, 그걸 가지고 한번 시도해 보길.

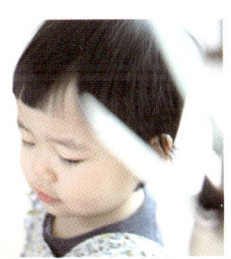

생활 습관 들이기

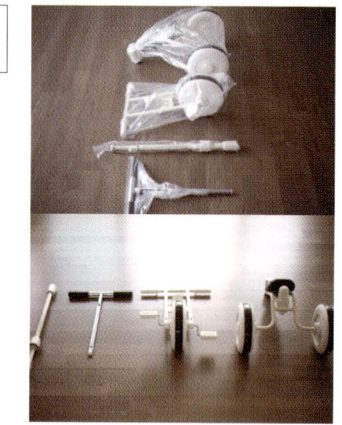

일본에서 구입한 무인양품 세발자전거

이것도 처음, 처음 자전거

살림살이 눈독 들이는 일에 일가견이 있으니 아이들 살림이야 오죽했을까. 세발자전거를 사 주고 싶어서 기웃거리다가 만난 무인양품 자전거. 국내에서는 판매되지 않는 제품이라서 일본 여행을 할 때 구입했다. 애정하는 화이트 컬러에 심플한 디자인이 엄마인 나를 만족시켰고, 아이들은 아무 생각 없이 무조건 만족한 이른바, 까꿍이들의 주요 살림살이 중 하나. 밀어 줄 수 있는 긴 봉은 애들 아빠 담당이었는데 요즘은 지들끼리 서로 밀어 주고, 끌고 하면서 탄다. 손 놓을 일이 하나씩 생기는 것을 보니 잘 크고 있는 것 같다.

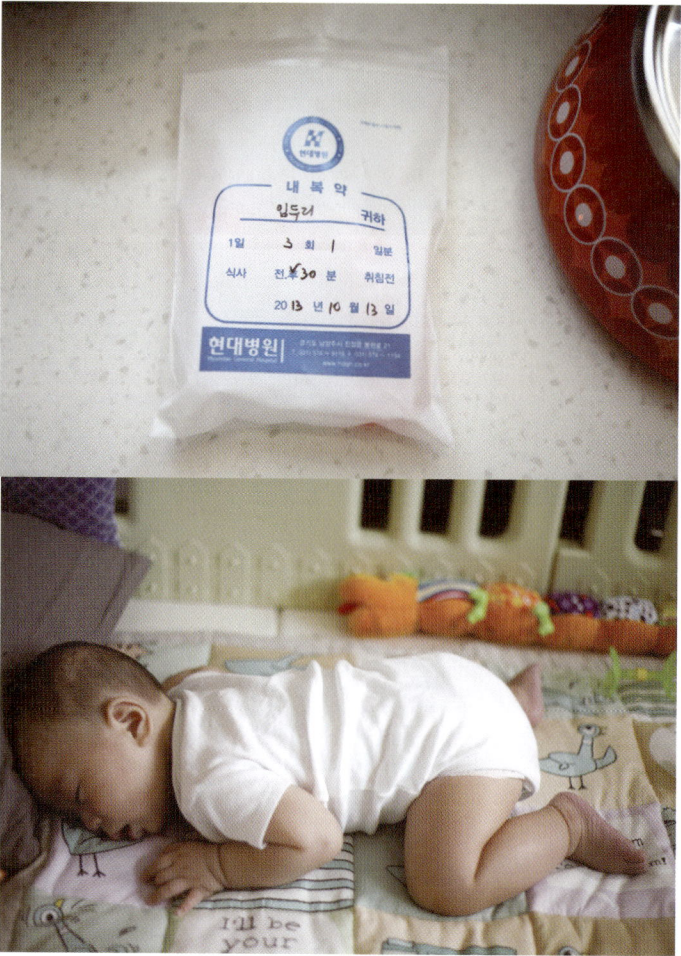

그리고 내 새끼 은호의 처음 약

집으로 온 지 겨우 이틀 지났는데,
엄마 아빠 만난 지 이틀밖에 안 되었는데,
아직 이름 신고도 못했는데,
아이가 아프다.
열이 펄펄 끓어오르는 아이를 안고
응급실로 달려갈 때
심장이 밖으로 터져 나올 것 같았다.
너무 놀라서 눈물도 나지 않았다.
그런데
감기라고, 괜찮다고,
병원에서 지어 준 해열제 봉투에 적힌 이름, 임두리.
우리 은호의 그 이름이 속상해서 울었다.

처음 엄마라면,
처음 아빠라면,
엄마에게도 아빠에게도
목을 가눌 시간이 필요하다.
그때까지만이라도 아프지 않았으면.
다치지 않았으면.
너무 많이 울지도 않았으면.
엄마랑 아빠한테 시간을 좀 주렴. 양은호, 양은채.

너무 잘하려고 하지 않기
너무 미안해하지도 않기

잘 키울 수 있을지, 정말 그럴 수 있을지 수없이 생각했었다.
나처럼 하고 싶은 것, 좋은 것,
내 마음이 시키는 일에만 열중하고 싶어 하는 사람이
과연 엄마 될 자격이 있는지를 스스로에게 계속 묻고 있었다.
그때 남편이 나에게 사다 준 책 한 권.
〔왜, 엄마는 나에게 아이를 낳으라고 했을까?(걷는나무)〕였다.
미국에서 육아 블로그를 운영하는, 이 책의 저자 질 스모클러는
책 속에서 이렇게 말하고 있었다.
엄마도 힘들면 욕해도 되고, 아이를 잠시 남편이나 어린이집에
'내팽개치고' 자기만의 시간을 가져야 한다고.
그때는 책 속의 말들에 공감할 수 없었다.
그런데 진짜 엄마 노릇이 시작되고, 아이들과 지지고 볶는 일상이
무지무지 고단하게 느껴질 때마다 새삼, 고개를 끄덕이곤 했다.
맞아, 맞아. 엄마에게도 시간이 필요하다고.
사실 초보 엄마들은 갓난아기만큼이나 무방비 상태일 거다.
불안과 두려움, 게다가 무조건 좋은 엄마가 되어야 한다는 강박 관념까지!
나는 더 했다.
아이 때문에 힘이 든다는 말은 차라리 사치 같았다.
아이들한테 소리도 지르면 안 될 것 같았다.
잠깐이라도 남의 도움을 받으면 죄 짓는 것 같았다.
아이들에게 미안하지 않으려고, 진짜 괜찮은 엄마가 되어 보려고,
숨을 참으며 지낸 날들이었다.
어쩌면 내 마음 깊숙한 곳에 '배 아파 낳아 주지 못했기 때문에'라는
근원적인 죄책감 같은 것이 있었는지도 모르겠다.
그래서 남보다 몇 배 더 잘 키워야 한다는 강박이 있었는지도.

'스무 번 중에 열아홉 번은 친절한 엄마인데 한 번은 광분한다면,
차라리 그 열아홉 번을 너무 애쓰지 않는 것이 낫다.
그것이 아이한테는 훨씬 더 이롭다.'
그즈음, 오은영 박사의 책
〔못 참는 아이 욱하는 부모(KOREA.COM)〕중에서
이런 글귀를 보고 위안을 얻었다.

엄마 노릇은 처음인데 목을 가누기도 전에 달리고 싶어 했던 것 같다.
나는 이제 겨우 육아라는 긴 마라톤의 첫 발걸음을 뗀 것뿐이지만,
나와 비슷한 처지에 있는 모든 초보 엄마들이 죄책감 없이 잠들고,
나다운 모습으로 자연스러운 하루하루를 맞이했으면 좋겠다.
그러려면 20년, 30년의 긴 육아를 관통하는 편안한 마음가짐이 필요하겠지.
수시로 깨지고, 울고 하겠지만 어떡하나.
아이를 키우는 일이 다 그렇다는 걸, 뭐.
툭툭 부담을 털어 버리고 나서는 마음이 한결 편안해졌다.

여성학자인 박혜란 교수의 책〔다시 아이를 키운다면(나무를심는사람들)〕에서
읽었던 한 줄의 글을 여기에 두고 간다.
우리 다 같이 공감하게 될 것 같아서.

'어떻게 아이를 키울 것인가는
결국 내가 어떻게 살아야 할 것인가와
동떨어진 문제가 아니다.
내 인생관이 곧 내 자녀관이요,
내 교육관일 수밖에 없다.'

책에서 배운 엄마 공부 둘.

〔다시 아이를 키워도 변하지 않을 것들〕

아이만의 장점을 찾아서 칭찬하고 키워 줘라.
성적으로 아이의 자존감을 짓밟지 마라.
잘 못하고, 느려도 끝까지 믿어 줘라.
다른 형제, 친구의 아이와 절대 비교하지 마라.
머리나 말로 아닌, 몸으로 사랑하라.
자녀에게 심리적, 경제적, 시간적으로 올인하지 마라.
아이가 행복하기를 원하면 나부터 행복해져라.
육아 잠깐이다, 걱정하지 말고 즐거움으로 채워라.

〔다시 아이를 키운다면, 박혜란 / 나무를심는사람들〕 중에서

[처음 아이를 키우지만 변하지 않을 것들]

남편도 반드시 육아를 제일로 여겨야 한다. 어떻게 엄마 혼자 키우나.
아이가 어떻게 하길 바라면 부모가 먼저 그렇게 한다.
아이들은 엄마 아빠의 기대치보다 언제나 확실히 더 어리다는 걸 명심한다.
인사는 무조건 잘해야 한다. 인사 잘하는 아이는 기본을 아는 아이다.
음식도, 여행도, 옷도, 놀이도, 다양성의 맛을 경험하게 해 준다.
'안 돼!'는 끝까지 일관성 있게 밀고 나간다.
소리 지르거나 화내지 말고 차분하면서도 냉정하게 혼낸다.
혼내기 전에 미리 엄마가 이제 화가 날 것 같다고 신호를 준다.

[엄마 라이프, 이혜선 / 포북] 중에서

사실은 엄마보다
아빠가
더 많이 키우고 있습니다

양승봉의 아들과 딸, 양은호와 양은채는
아빠바라기입니다.
양씨 셋이서 저만 따돌릴 때도 있다니까요!

아빠들이 육아를 돕는다고 말하는 건 틀렸다고 생각한다. 남의 일인가? 돕게! 둘의 자식이니 둘이 같이 키우는 게 맞지. 이런 나의 생각에 100% 공감하는 우리 집 남자.
그래서 나는 아이가 생긴 후 이 남자에 대해 조금 더 큰 신뢰를 갖게 되었다. 조금 더 고마워하게 되었다. 무엇보다 입으로만 가르치지 않고, 몸으로 다해 주는 것이 대단해 보인다. 온몸을 던져 놀아 주던 이때부터 좋은 아빠의 조짐이 보였던 것 같다. 고백하자면 나는 헛똑똑이 엄마, 진짜배기는 아빠인 것 같다. 알짜배기 육아의 신!

사람의 집은 사람을 위해 쓰일 때 가장 아름답다. 보기만 예쁘면 뭐하나.

집과 육아 :: 거실을 아이 방으로 프로젝트

이런 생각으로 거실을 뒤집었다. 이제 거실은 아이들의 놀이터다.

빛을 좋아하는, 빛나는 아이들

아이들은 태생적으로 빛을 따라 움직이는 습성이 있다고 한다. 밝은 곳을 찾아다닌다는 거다. 하긴. 애들만 그럴까. 어른들도 마찬가지 아니겠나. 밝고 보송보송한 곳이 좋지, 어둡고 습한 곳이 뭐 좋을라고. 그러니까 아이 방은 집에서 가장 밝은 곳에 만들어 주는 것이 정답이랬다. 대개의 집들이 다 그럴 건데 우리 집도 역시 제일 밝은 곳이 거실이다. 창이 크니까 밝다. 거실 창문은 방방의 창문보다 두 배쯤 크니까. 게다가 은호와 은채는 아장거리기 시작하면서 하루 종일 거실에서만 놀았다. 그래? 그렇다면야! 나는 거실을 버리고 거기에 아이들의 놀이터를 만들어 주기로 했다. 그래서 이사할 것처럼 거실을 싹 비웠다.

사실 가구 몇 가지만 더하고 빼고 옮기면 크게 어려울 것도 없다. 애들이 커서 지들 방으로 들어가기 시작하면 가구들만 다시 제자리로 옮겨서 원상 복귀를 하면 된다. 그러니 프로젝트만 거창하지, 사실 별것도 아니다.

생활 습관 들이기

거실이란 가족 공간인 줄 알았다. 다들 그렇게 해 놓고 사니까 나도 그랬다.

"살림이 좋아, 그랬던 제 한때는 잊어 주세요!"

아니다. 거실은 아이들 공간이다. 아이들의 놀이터다. 적어도 아이가 둘쯤 있는 집에서는!

a. 코끼리 흔들의자,
비플러스엠(www.bplusm.co.kr)

"까꿍이들이 좋아, 요즘 저는 이렇습니다!"

프로젝트 1
공간 분리용 구조물 설치하기

거실을 아이 방으로. 프로젝트의 시작은 공간을 안정감 있게 분리하기 위한 구조물을 세우는 일이었다. 하루 종일 거실과 부엌을 오가며 자랄 아이들을 위해 위험 요소를 제거하고, 구석구석 흥미진진한 놀이 요소를 더하기 위해서였다.

우리 집은 거실과 부엌이 막힘없이 트인 구조. 벽을 세울까, 생각도 했지만 여기는 진짜 내 집이 아니니까! 이사할 때 떼어 갈 수 있는 두 개의 미닫이 문짝을 부엌 쪽에 설치했다. 좌우로 밀어서 여닫을 수 있으니 공간을 잡아먹을 일이 없다.

남편은 싱크대 쪽으로 들어서는 통로에 나지막한 가리개 하나를 달아 주었다. 아이들이 위험한 게 많은 부엌으로 들어오지 못하게 하겠다는 조치였다. 좋은 생각이라고 어깨 두드려 주었다.

a. 스토옹, 초강력 압축 선반
b. 마가린 테이블 소파,
비플러스엠(www.bplusm.co.kr)

거실에도 가벽이 될 만한 구조물을 세웠다. 거실 베란다가 따로 없이 트인 공간. 쑥쑥 자라는 아이들을 위해 베란다를 어린이 살림(?) 공간으로 만들어 줄 계획이라서 안정감 있게 공간을 분리할 가리개용 벽이 필요했던 거다.

가벽을 설치하고 처음에는 그 벽 앞에 소파를 놓았었다. 널찍한 식탁은 그대로 부엌에 있고. 그런데 곰곰 생각해 보니 소파에 앉아 있을 시간이 별로 없을 거라는 판단이 섰다. 한가로이 소파를 누릴 시간이 있기나 하겠나. 그 소파야 그저 우리 아이들이 오르락내리락하면서 노는 미끄럼틀 정도가 되겠지.

그래? 그렇다면 메인 자리에 식탁을 놓자. 거실 중앙에 듬직한 식탁을 놓으면 밥 먹고, 책도 읽고, 차도 마시고, 까꿍이들이랑 같이 공부(?)도 하고! 뭐든 가능한 마법의 탁자가 될 것 같았다. 그래서 소파는 부엌으로, 식탁은 거실 쪽으로! 서로의 자리를 맞바꾸기로 결정했다.

여기가 부엌입니다. 헷갈리지 마세요.

저희는 거실에서 밥을 먹고, 거실에서 애들이랑 종일 놉니다.

프로젝트 2

부엌에 독서실 만들기

"손님~ 여기서 놀면서 잠시만 대기해 주세요! 식사가 곧 준비됩니다."

소파를 부엌 싱크대 앞쪽으로 옮겨 놓으니 아이들이 거실에서 놀다가도 엄마나 아빠가 부엌에 있는 시간이면 덩달아 공간 이동을 했다. 그래서 싱크대 앞쪽의 아주 좁은 틈새에 아이들 책장을 짜 주었다. 밥을 기다리는 시간, 어른들이 일하는 시간에 놀기도 하고 책을 읽으면서 재밌으라고. 부엌 입구 미닫이문 옆에도 작은 책장이 하나 있으니 우리 집은 일명 어린이 독서실. 애들 학구열 불태우라는 엄마 아빠의 소망 되시겠다.
물론 책장이 따로 있으니 여기는 간이 책장. 아직 글을 못 읽는 어린아이들에게는 표지가 앞으로 쫙! 이렇게 진열되는 책장을 만들어 주려고 했다. 그러니까 이 책장은 아이들의 즐겨 찾기 코너다. 요즘 읽는 책들 위주로 진열이 바뀐다.
소파와 책장을 부엌 개수대 앞으로 옮겨 놓았더니 부엌일을 하면서도 애들의 일거수일투족을 다 볼 수 있어 좋았다. 애들은 엄마가 일하는 동안 편안하게 기다리고!

a. 아날로그라이프, 소프트 러그아이 CHIC STRIPE(www.aloglife.com)

책 냄새 풍기는 우리 집, 특히 부엌 독서실. 이거 굉장히 이상적인 풍경 아닌가. 음하하! 참, 맨바닥에 앉거나 엎드려 놀기 좋아하는 아이들의 동선을 고려해 가장 오래 머무르는 자리에는 널찍하고 폭신한 매트를 깔아 두었다. 여기저기 매트! 물걸레질을 해서 닦을 수 있는 이 매트, 지금도 아주 유용하게 쓰고 있다.

생활 습관 들이기

그동안 책을 고르고 읽혀 온 띵굴 엄마의 독서 기준

1
두 아이의 엄마가 되었다고, 축하한다고, 나의 소속사(?)인 [에프북]에서 선물로 그림책을 잔뜩 보내 주었다. 선배 엄마이기도 한 에프북 에디터들이 아이들을 키우면서 자주 읽어 주었던 책들만 알짜로 골라 보내 준 터라, 아주 유용했다. 아이가 가지고 놀 수 있는 보드 북에서부터 글밥이 꽤 되는 것들까지 50권 정도였는데 덕분에 나 역시, 어릴 때도 잘 몰랐던 그림책의 세계에 풍덩 빠져들게 되었다.
그녀들이 한목소리로 말했었다. 아이가 어릴 때는 책을 읽는 것이 아니라, 가지고 놀아야 하기 때문에 도서관에서 빌리는 것보다 구입해서 보는 편이 훨씬 낫다고! 100% 공감했다.

2
읽어 주기보다는 글을 모르더라도 아이가 그냥 펼쳐 놓고 마음껏 상상하면서 구경할 시간을 준다. 그림책으로 벽을 만들거나 스스로 이야기를 만들어 가며 노는 아이들을 보면서도 생각한다. 책을 읽으려고 하지 말았으면, 책을 장난감인 듯 재미있게 가지고 놀았으면! 그래야 평생 책을 좋아하는 어른이 될 수 있을 것 같아서.

생활 습관 들이기

3
새로 나온 책을 거실 책꽂이에 바꿔 꽂아 주는 것으로 새로운 한 달이 시작된다. 새달이 시작되기 전에 하는, 많고 많은 일 중에서 그림책을 고르는 일이 가장 신나는 것 같다. 나는 전집 같은 것은 별로 좋아하지 않는 터라 한 달에 열 권 정도씩 엄선해서 구입하는데 단행본으로 나오는 동화책들은 무엇을 사도 대부분 만족!
그런데 가만히 살펴보니 아이들은 먹는 걸 좋아해서인지 음식과 관련된 이야기책들은 다 좋아하는 것 같다. 하지만 이건 좋아하겠지? 싶어서 골랐던 책이 예상외로 외면 당하고, 전혀 의외의 책에 푹 빠지는 일도 있기는 하다. 사실은 그래서 책을 고르고 사는 일이 더 재미가 있고!

4
아직은 보던 책을 보고, 또 보고 할 시기의 어린 우리 아이들. 엄마나 아빠가 그때그때 다른 감정이나 목소리로 읽어 주는 것을 좋아하는 편이다. 하지만 아이들이 원하는 만큼 구연동화를 지속하자면 아주 지치게 된다. 그래서 더더욱 영어책은 CD와 함께 구입한다. 아이들이 버터 발음을 배우기를 기대해서가 아니라, 읽다 지쳐서 나의 목이 쉬는 것을 조금이라도 막아 보고 싶은 마음에서다.

5
아이들이 머무르는 곳 어디에나 크고 작은 책장을 두었다. 책장을 넘기고, 책을 던지고, 책을 먹고 하면서 책과 조금씩 친숙해졌으면 하는 마음에서다. 책 읽는 사람으로 커 주었으면 해서. 하지만 아이들이 자는 방에는 낮은 책장만 두었다. 책이 가득한 방에서는 책 읽고 싶은 유혹을 떨치기 어려울 테니까.
드라마나 영화를 보면 엄마 아빠들이 아이가 잠들기 전 책을 읽어 주곤 하는데, 나는 잠들기 전에는 딱 두 권만, 세 권만 하는 식으로 룰을 정해 두었다. 아이들이 자기 싫어서 자꾸 "한 권만 더, 한 권만 더!" 하고 외치기 때문이었다.
우리 집의 공식화된 독서 타임은 유치원에 등원하기 전 10분, 유치원에 다녀와서 30분, 그리고 주말에 아빠가 몰아서 읽어 주는 종일 독서 타임!

책을 꼭 엄마가 읽어 주어야 한다는 법은 없으니까!

책이 가장 좋은 장난감이 되었으면, 했는데 은호에게는 정말 그렇게 된 것 같다. 지금보다 훨씬 어린 시절부터 얼마나 신중하게 책을 고르던지, 그리고 얼마나 집중해서 보던지! 한번 읽어 주면 그 스토리에 무언가 자기만의 생각을 더해 가며 가공할 줄도 아는 독특한 면이 있다. 그래서 요즘은 내가 읽어 주는 것이 아니라, 오히려 은호가 나한테 책을 읽어 준다.

애들한테 읽어 달라고 하면 훨씬 재미난 일이 벌어진다!

〔양은호, 양은채가 보고, 듣고, 물어뜯으면서 즐긴 책 리스트〕

[1~3세까지]

비둘기를 늦게 재우지 마세요
비둘기에게 버스 운전을 맡기지 마세요
비둘기야, 핫도그 맛있니?
강아지가 갖고 싶어!
누가 내 머리에 똥 쌌어?
GO AWAY, BIG GREEN MONSTER!
엄마랑 뽀뽀
손이 나왔네
달님 안녕
구두구두 걸어라
사랑해 사랑해 사랑해
내 스웨터야!
사과가 쿵!
까꿍 놀이
잘 자요, 달님
괜찮아
싹싹싹
Brown Bear, Brown Bear, What Do You See?
The Very Hungry Caterpillar
Papa, Please Get the Moon for Me
From Head to Toe(Pictory Pre-Step)
Mister seahorse
Do You Want to be My Friend?
The Artist Who Painted a Blue Horse
Panda Bear, Panda Bear, What Do You See?
The Very Hungry Caterpillar Pop-Up Book

The Very Busy Spider
The Very Lonely Firefly
The Very Quiet Cricket
Dream Snow
Does a Kangaroo Have a Mother, Too?
My Very First Book of Food
Pancakes, Pancakes!
The Grouchy Ladybug
10 Little Rubber Ducks
The Mixed-Up Chameleon
블루 래빗 사운드 북
애플 비 사운드 북

[3세 이후]

오소리네 집 꽃밭
신기한 씨앗 가게
한밤중 개미 요정
감귤 기차
열려라 문
쿵쿵
한밤의 정원사
여우비빔밥
아씨방 일곱 동무
옛날에 공룡이 있었어
ONE THOUSAND THINGS
훌륭한 이웃
만희네 집
넉 점 반
잘 자, 코코

있잖아, 누구씨
불 끄지 마
모자를 보았어
깎은 손톱
엘리베이터
노각 씨네 옥상 꿀벌
집으로 가는 길
잘 가, 안녕
다음엔 너야
고함쟁이 엄마
다 붙어 버렸어
까만 코다
눈 오는 날
수박 수영장
할머니의 여름휴가
곰돌이 팬티
벗지 말걸 그랬어
빤짝이와 배고픈 상어
빤짝이의 세상 여행
꼬마 물고기 빤짝이
눈을 감으면
달 샤베트
이보다 멋진 선물은 없어
그래, 책이야!
말하면 힘이 세지는 말
왜 그래, 돼지야
펭귄은 너무해
행복을 나르는 버스
화가 나서 그랬어!
엉뚱한 크레파스

엄마가 정말 좋아요
동물원
세상에서 가장 큰 케이크
조각이불
누가 웃었니?
산딸기 임금님
수잔네의 봄
수잔네의 여름
수잔네의 가을
수잔네의 겨울
엄마가 낮잠을 잘 때
나무집
너무 부끄러워!
파도야 놀자
토끼와 도시락 가게
내 껍질 돌려줘
사자가 작아졌어!
스미레 할머니의 비밀
쌍둥이 할매 식당
숲속 재봉사의 꽃잎 드레스
곰아, 자니?
팥죽 할멈과 호랑이
아프리카 초콜릿
THE WATERMELON SEED
I DON'T WANT TO BE A FROG
바바파파 전집
바닷속 생일파티
소리치자 가나다
A Lion in Paris
고 녀석 맛있겠다 시리즈

프로젝트 3 놀면서 창의력 키우는 책상 코너

아직 책상이 필요할 나이는 아니야, 싶을 때 이미 책상을 들였다. 아쉽게도 단종 아이템. 브랜드가 사라졌다! 사실 이것은 책상이 아니라 그림상이다. 이맘때의 아이들에게는 벽도 바닥도 온통 스케치북이 되니까. 아이들의 창의력을 키우는 데 그림만 한 게 없다는 생각이다. 그러니까 이 책상은 창의력 발전소? 뭐 그쯤 되지 않을까?
그림 그리기 편한 각도로 비스듬하게 디자인한 이 책상은 아예 롤에 감긴 널찍한 도화지를 끼워 두고 쓸 수 있다. 돌돌 풀면 새 종이가 나오니까 다 쓴 종이는 찢고, 새 종이에 명작을 탄생시키면 된다. 책상 위쪽에는 봉이 달린 선반 하나와 박스 형태의 선반을 나란히. 애들한테는 별로 쓰임이 없고, 순전히 구색 맞추기 좋아하는 엄마 만족용이다.

a. 비플러스엠, 봉봉책상

b. 비플러스엠, 봉봉스툴

벽면에 부착하는 책상도 하나. 공부보다는 창의력이 중요하지, 하면서 비스듬한 그림 책상을 만들어 주고 났더니 뭔가 좀 아쉬운 마음이. 흠! 공부하고 싶은데 책상이 없어서 못하면 어쩌지? 뭐, 이런 마음? 그래서 벽에 착 붙여서 거는 책상과 수납이 되는 벤치 의자도 곁들였다. 그랬더니 우리 까꿍이들, 공부는커녕 그 책상에다 자석만 잔뜩 붙여 둔다. 그럼, 그럼! 자랄 때는 역시 자석이 최고지. 아놔!

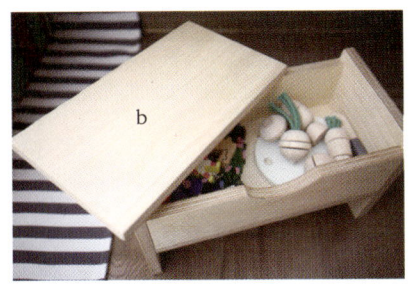

생활 습관 들이기

프로젝트 4 **까꿍이들도 살림이 좋아!**

베란다에 애들 살림집

거실을 아이들 놀이터로 단장하면서 우리 집은 여러모로 확실히 다른 집이 되었다. 밥 먹는 자리와 쉬는 자리가 바뀌고, 애들 자리와 어른 자리가 뒤섞였다. 그리고 여기, 꽃과 나무와 갖은 장식품들이 놓였던 거실 베란다가 까꿍이들의 전용 살림집으로 탈바꿈했다. 말 그대로 살림집! 없는 것 빼고 다 있는 진짜 살림집이다.

살림집에는 부엌이 있다. (이케아)에서 판매하는 싱크대를 사다가 설치해 주고, 그릇장도 놓아 주었다. 책장과 장난감 수납장도 있다. 지들끼리 살림하는 시간이 온화하기를 바라는 마음으로 벽걸이 CD 플레이어까지 마련한 뒤 음반을 꽂아 둘 수 있는 수납 꽂이까지 더했다. 그러니 정말 살림집 맞지 않나.

여기, 이 서너 평쯤의 공간에서 내 아이들이 즐거움에 흠뻑 빠져 놀고 있는 것, 그 모습을 보는 게 좋다. 지들끼리 도란도란하는 게 기특해서 좋기도 하지만, 무엇보다 엄마 손길 없이도 독립적으로 놀곤 하니까! 정말이지 황금 알 낳는 공간이다. 이 자리에서 우리 애들, 요리사도 되고 엄마 아빠 놀이도 하고, 빨래와 설거지도 하면서 잘 놀았다.

생활 습관 들이기

아이들의 자잘한 장난감은 적층이 되는 상자가 답!

마음껏 놀게 하지만, 놀이가 끝난 후에는 함께 치운다. 그러지 않으면 집 안은 발 디딜 틈도 없을 거니까. 특히 블록 같은 작은 장난감들은 자기 집을 만들어 주는 것이 가장 좋은 방법. 그래야 요것들이 굴러다니는 사태를 막을 수 있다.

칸칸이, 칸막이를 조절해서 넣을 수도 있고, 통째로 쓸 수도 있는 불투명 화이트 수납함. 속이 보이지 않아서 좋고, 쌓아 올리면 각이 맞아서 더 좋다. 소박한 살림살이 제품.(m.blog.naver.com/j-buin).

뚜껑이 붙어 있는 반투명 수납함. 뚜껑이 혼자 돌아다닐 일 없고, 안쪽에 넣은 물건이 적절히 보이고, 역시 쌓기 좋아서 엄마 입맛에 딱 맞는 수납함이다. 이케아에서 구입.

냉장고 속에서 대파나 우엉 같은 긴 재료들을 쑥쑥 담아 내던 이 용기는 아이들 장난감 수납을 위해서 조금 더 구입했다. 뚜껑이 분리되는 형태이고, 착착 쌓아 올리기에도 맞춤. 다이소 신발 정리함이다.

이렇게 저마다의 상자 속에 담아서 가구 속에 넣어 두면 아이들이 놀 때 한 상자씩 꺼내어 자기 살림을 시작한다. 스스로 가져다 놀고, 스스로 치우게 하면 어디에 무엇이 있는지도 제법 잘 파악하는 편. 물론, 가끔씩 엄마의 정리 손길이 닿긴 하지만 비교적 잘 유지되고 있다.

무한 반복 장난

: 장난감과 놀이 습관에 대하여

현명한 엄마는 아이의 장난감 가짓수를 줄인다는데, 별로 현명하지 못한 엄마인 나는 내가 갖고 싶은 것을 아이들에게도 사 주곤 했다. 애들이 흥미로워하는 세탁기와 냉장고, 전자레인지 같은 살림들을 구비해 주었다. 뻥 차는 공도 소재별, 스타일 별로 마련해 주었고, 깍두기만 한 조립장난감들도 꽤 샀다.

엄마 노릇에 법칙은 없다고 생각한다. 아이를 키우다 보면 들을 말도, 지침도 정말 많지만 그냥 내 마음대로 키울 거다, 생각했다. 내가 엄마니까. 내 새끼들을 나보다 더 사랑할 사람이 어디 있을까.

세상 모든 육아 정보를 참고는 하지만, 정보가 시키는 대로 할 생각은 없었다. 그때 그러지 말 걸, 후회가 들어도 하는 수 없다고 믿었다. 아이가 잘못되기를 바라는 엄마는 없을 테니 그저 지금 이 순간을 즐기고 누리자고 나 스스로에게 말했다. 왜냐하면 천 번을 흔들려야 엄마가 되는 거랬으니까! 은호와 은채 그리고 엄마인 나는 그렇게 비틀비틀 흔들리면서 여기까지 왔다. 아, 물론! 지금도 나는 여전히 흔들리고 있다.

a. 캐스돈, 주방놀이 세트. 오븐레인지, 세탁기, 싱크대까지 3종 세트

옥수수를 가지고 춤을 추다가
컵 뚜껑을 들고 놀기도!
아이들의 장난은 모두 값지다.
그럼 어른은?
장난하지 말고!

장난 : [명사]

1 주로 어린아이들이 재미로 하는 짓.
또는 심심풀이 삼아 하는 짓.
2 짓궂게 하는 못된 짓.
[유의어] 희롱

"장난하지 마!"
"지금 장난해?"
"이게 장난으로 보여?"
어른들이 화가 났을 때 하는 말.
그러니까 어른들의 장난은 희롱에 가까운가 보다.
하지만 아이들의 장난은 일상이고, 삶이고,
살아가게 하는 힘. 그런 것 같다.
애들이 장난을 안 하면 뭐를 하나. 암만! 그렇고말고.
아이들에게는 세상 전체가, 살아가는 시간 모두가
장난이고 또 장난감이어야 하는 게 맞다.
이런 생각, 한 번도 해 보지 않았는데
엄마가 되고 나서 불현듯 깨달았다.
냄비 뚜껑만 쥐여 줘도 땅땅 두드리며 놀고,
옥수수를 먹다가도 그걸 들고 춤을 추고,
컵 뚜껑을 풍선처럼 불어 보며 노는 우리 아이들.
그러면서 어른이 되는 거라고 생각하니 눈물겨웠다.
나도 그러면서 어른이 되었을 거고,
울 엄마와 울 아빠도 그런 나를 보면서 뿌듯했을 것 같아서.

"그러니까 내가 꿈꾸던 아이들과의 생활은 이런 거였나 봐.
아침에 일어나면 방긋방긋 웃는 애들한테 유기농 재료로 만든
정성스러운 밥상을 차려 주는 거야.
나는 때로 애들이랑 나란히 앉아서 온화하게 책을 읽어 주지.
점심을 준비하거나 설거지를 하다가 뒤돌아보면
애들이 나랑 눈을 마주치며 웃어 주는 거!
밤이면 우리 애들이랑 나는 서로 꼭 껴안고 사랑해, 하면서
굿나이트 뽀뽀를 하는 거야. 불 꺼진 아이들 방을
조용히 들여다보면서 애들 이마를 쓸어 주고 돌아 나오면
나랑 당신은 나직한 불빛 아래서 와인 한 잔?"

유난히 지친 어느 날, 남편에게 말했더니 그가 이랬다.

"드라마를 너무 많이 봤다."

그럼 드라마나 영화 속에 나오는 판타지 같은 장면들은
대체 어느 집 이야기인 걸까?

아이들이 조용하다면 수상하게 여기셔야 합니다.
깜찍한 사고를 치고 있다는 뜻일 테니까요.

나, 왜 그림 놀이가 좋아 보일까?
화가가 되고 싶었던 건가?

a. 플리에, 유아 전신 미술 가운

b. 퍼니퍼니, 키즈 매트

나처럼 유난스러운 여자가 애들이 집을 쑥대밭으로 만드는 게 좋았을 리 없다. 그렇다고 내 생각만 하면 안 된다. 애들은 오직, 쑥대밭을 만드는 것밖에 할 일이 없을 테니까. 그래서 아예 작정하고, 실컷 놀아 보자 어디! 하면서 사 들인 물건들이 몇 가지 있다. 그중 하나. 운동장 크기만 한 원형 매트다. 지금 보니 김장할 때 쓰면 딱 되겠어! 정말 그러네.

매트만으로는 좀처럼 각이 잘 안 나오는 듯해서 그림 그리기 옷, 그러니까 화가복(?), 뭐 이런 것도 구비했다. 온몸을 남김없이 감싸 주니까 엄마 걱정이 씻은 듯이 사라진다. 가만히 떠올려 본다. 그날 우리가 몇 시간을 이러고 놀았더라? 한나절? 에이, 무슨! 겨우 두어 시간쯤! 그래도 우리 넷이 완벽하게 망가진 즐거운 날이었다. 잊지 못할 추억!

우리 넷의 약속

: 기념일은 반드시 기념해 주기

아이들이 아직 말귀를 못 알아들을 때도
약속할 일이 있을 때는 서로 눈을 마주 보고 이야기했다.
이것은 약속이야. 우리 꼭 지키자, 하고 말했다.
그건 애들한테 하는 말이라기보다
나 스스로에게 하는 다짐 같은 거였다.
그런 다짐, 그런 약속 중에 이런 게 있었다.
기념일은 반드시 기념하자는 것.
우리 넷이 가장 먼저,
가장 크게 축하하고 기뻐해 주자는 것.
각자의 생일에, 성탄절에,
엄마 아빠의 결혼기념일에,
어린이집 졸업한 날이거나
유치원에 입학한 날에도!
우리 식구들에게는
별스럽게 기념하는 기념일이 아주 많다.

생활 습관 들이기

우리 만난 지 1년 되던 날,
꽃을 꽂고 손님을 초대했다

아이 둘을 돌보느라 머리에 꽃을 달고 살면서부터 끼니도 챙기기 어려웠다.
청소도, 빨래도, 다른 살림도 겨우 면피만 하고 있는 중이었다.
그렇지만 놓치고 싶지 않은 날이 있었다.
아이들의 탄생일에 맞춰서 했던 돌잔치 말고,
우리 만난 날. 만난 지 딱 1년 되던 우리 넷의 공통 생일.
그날을 앞두고 조금 가슴이 뛰었던 것 같다.
애들이 고마웠다. 탈 없이 자라 주어서. 착하고 건강하게, 잘 먹고 명랑하게.
남편이 존경스러웠다. 한순간도 발뺌하지 않아서,
늘 나와 애들 곁에 진심으로 있어 주어서.
그리고 나, 내가 대견했다. 못 할까 봐 무서웠는데, 징징거려지면 어쩌나 했는데 안 그래서.
우리 넷을 가장 가까운 곳에서 보고 살펴 주는 분들을 초대하기로 했다.
풍선을 불어 매달고, 테이블 세팅을 하고, 전날 밤부터 열심히 음식을 준비하고.
하나도 고단하지 않았다. 살면서 다시는 오지 않을 뜻 깊은 날이라는 게
내게는 마냥 귀해서 말이다.
케이크 위의 초를 불어 끄면서 더 행복하자, 다짐했던 날이었다.

생활 습관 들이기

돌잔치 하던 날

요란스럽지 않으려고 애썼던 기억이 난다. 소박하고 편안한 장소를 빌려 조용하게 치르고 싶었다. 그런데 뭐, 끝내고 보니 왁자지껄했다는 기억. 그래도 역시 잔칫날은 그래야 제맛이기는 하지.

깨 볶으며 살겠다고 약속하는 의미로 흑임자를 담았고요.

맵디매운 엄마 노릇도 잘해 보겠다고 고추장도 담았습니다.

하객 선물은 내 손으로 직접 준비하고 싶었다. 선물이란 게 마음을 건네는 일이니까, 내 마음은 내가 요리해야지, 싶었다. 거창할 필요는 없는 것 같다. 선물은 거창하면 오히려 불편하다.

좋은 흑임자를 구해서 뜨거운 팬에 달달 볶아 투명 유리병에 담았다. 표고버섯을 넣고, 참기름에 깨를 더해 맛있게 볶은 고추장도 한 병씩 담았다. 유리병을 소독하고, 말리고, 네임 태그를 만들고, 유리병에 고깔을 씌워 하나씩 정성스럽게 포장했다. 전문 업체에 맡기거나 가볍게 골라 구입하면 쉬웠겠지만, 왠지 이런 선물은 더 오래 기억해 주실 것 같아서 괜히 뿌듯했었다.

"공주님, 왕자님! 차린 건 별로 없지만 고깔모자를 만들었으니까 많이 드세요"

아이 생일에는 음식보다 기타 장식물에 공을 들이는 것이 좋다. 생일에 상다리 휘어지는 것은 먹을 것이 궁했던 옛 추억 속의 얘기일 거다. 요즘 애들은 엄마 아빠가 워낙 열심히 챙겨 먹이니까! 애들 생일에 만들면 좋은 고깔모자. 색색의 펠트지를 왕관 모양으로 잘라서 기분 내키는 대로 장식을 더하면 그만이다. 식구들 전체가 고깔모자 하나씩 쓰고 상에 앉으면 별 찬이 없어도 생일 기분이 난다.

찬이 정말 없지요?   생일에도 다 먹은 그릇은 반납하세요.

해마다의
크리스마스에는
더더욱
메리, 메리 하게!
메리 크리스마스!

2013. 12. 24~25

애들이 오고 처음 맞은 2013년 성탄은 무늬만 메리 크리스마스였다. 애들이 뭘 알기나 할까. 괜히 불 꺼 놓고 트리 반짝, 했더니만 무섭다고 울고, 트리 만져 보라 했더니 따갑다고 짜증 내고 막 그랬으니까.
그래도 기념일은 반드시 기념한다, 라는 게 우리 집 가훈 같은 거라서 빼먹지 않고 챙겼다. 지인 가족 초대해서 조촐한 파티 상도 준비하고, 어설프지만 트리도 꺼내 장식해 놓고. 파티 상이 차려질 때쯤 애들은 이미 꿈나라여서 내년을 기약했었다. 내년 이맘때는 어쩌고 있으려나. 이랬었다.

2014. 12. 24~25

1년 만에 놀라운 성장. 은호와 은채는 엄마 아빠랑 함께 트리 만들기에도 참가할 수 있게 되었다. 서로 자기가 붙이겠다고 소란을 떨면서 수선스러웠다. 기가 찰 노릇이다. 겨우 한 해 만에 이렇게 몰라보게 크다니.
이때부터 우리 두 아이, 해마다 성탄이면 루돌프나 산타가 되거나 하면서 주인공으로 활약했다. 사진을 찍어 놓길 잘했다. 사진을 보고 있자니 감격이 밀려오잖나. 이래서 기념일은 반드시 기념해야 한다. 그것도 가족끼리 찰떡같이 붙어서 기념하는 걸로. 안 그럼, 식구라는 말, 가족이라는 말이 무색해진다.

아이 둘을 시댁에 맡기고, 혹은 지인 찬스로 잠시 떼어 놓고 부부 둘만의 시간을 가질 때가 더러 있다. 처음, 애들 없이 홀홀 단출해졌을 때 왠지 죄책감이 들었다. 전에는 떳떳하게 누리던 일들이 왠지 미안하게 여겨지는 것이었다.

"애들, 잘 있겠지? 그냥 지금 데리러 갈까?" 소심하게 물으면 남편이 늘 그랬다. "우리가 있어야 애들도 있는 거야." 맞는 말이다. 우리가 좋아야 애들도 좋다. 우리 둘이 먼저 행복해야 애들도 완성된 행복을 갖게 될 거다. 그러니까 지금은 나도 애들도 아직은 좀 모자라고, 서툴러도 너무 전전긍긍하지 말아야지. 애들만 실수를 하는 것이 아니다. 엄마 아빠도 실수투성이다. 왜 그런가 생각해 봤더니 애들이랑 우리가 같이 자라고 있는 중이라서 그런 것 같다.

아이도 엄마도 자라고 있으니까

·· 이렇게 컸으면, 키웠으면!

생활 습관 들이기

단발머리 은호 군, 파마 했어요

남자는 이래야 하고, 여자는 저래야 하고,
이런 제약을 두지 않고 키우는 것이 나의 목표였다.
다른 건 몰라도 이건 나름 열심히 지키고 있는 것 같다.
무엇이든 경험해 보게 해 주고 싶었다.
그것이 스타일이든, 음식이든, 운동이든, 춤이든, 꿈이든, 공부든.
적어도 남자여서 그러면 안 된다거나
여자여서 참으라는 식의 제한은 두지 않을 작정이다.
그런 핑계는 너무 구차한 것 같아서 말이다.
어쨌든 우리 집 애들은 확실히 유니섹스 스타일.
은채는 다정한데 씩씩하고,
은호는 까다로우면서도 섬세한 구석이 있다.
얼마 전, 단발머리를 하고 다니는 은호가 파마를 했다.
미용실에서 롤을 말고 기다리는 시간에 조금 지루해하기는 했는데
그거 풀면 예뻐질 거라 했더니 잘 참았다.
꼬불꼬불해진 머리카락에 살짝 놀라기는 했지만
마음에 드는 모양이었다.
예뻐요? 하고 묻기에 엄지를 열다섯 번쯤 치켜세워 주었다.
예쁘다, 우리 아들.
그런데 머리를 감을 때마다 저런다.
어색해서 깔깔 웃는다.
그런 모습이 무지무지 귀엽다. 딸 같다.

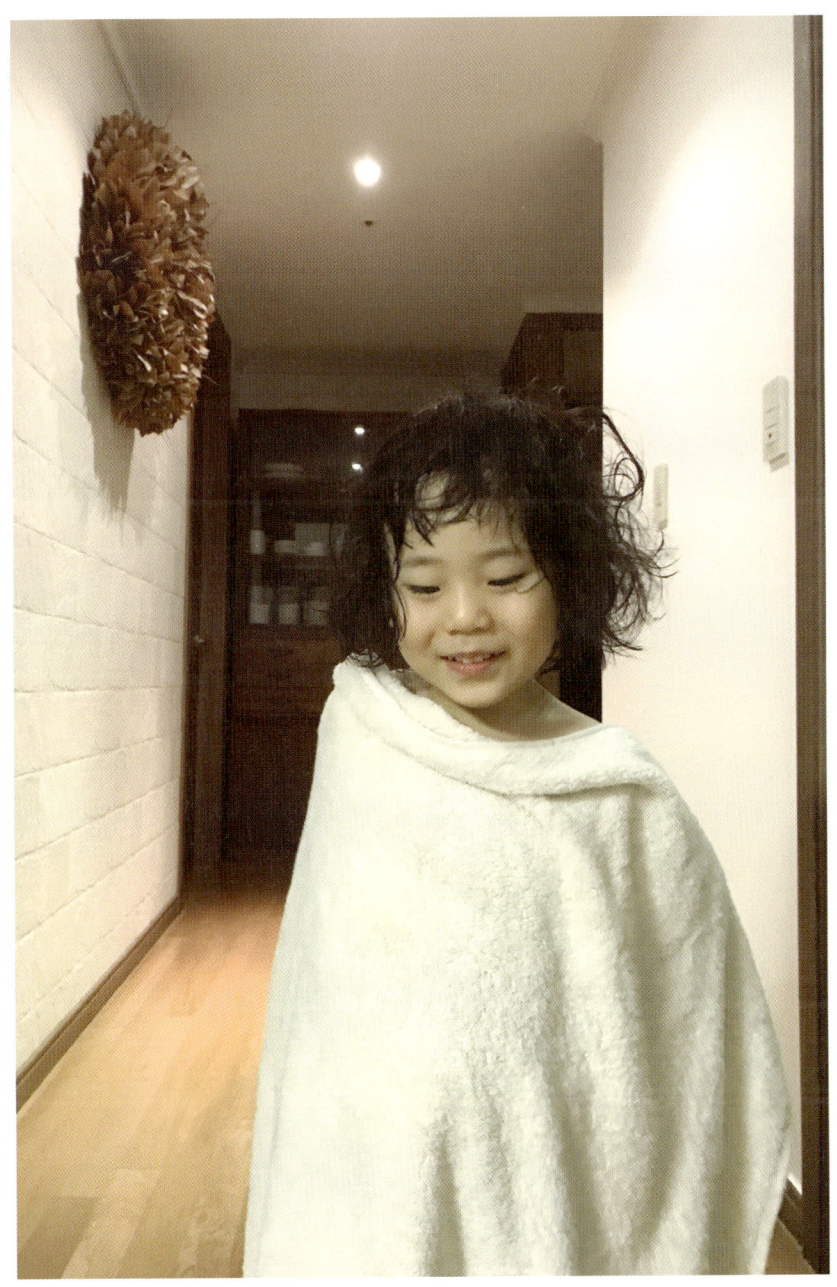

자매 모드, 양씨네 시스터

가끔은 총각 같은

은채 아가씨

어릴 때 은채는 영락없는 아가씨였다.
한동안 찡찡이었던 때도 있었다. 괜히 찡찡거리기.
혀 짧은 소리를 내면서 아가처럼 굴기도 하고,
무서운 것도 너무너무 많고, 밥 먹다 뭐가 좀 묻으면
절대로 못 참고 짜증을 내기도.
한정 없이 두면 안 될 것 같아서 단호하게 말했다.
그렇게 하지 말자고.
짜증스러운 어투로 말하지 않고, 나직한 목소리로
은채의 눈을 똑바로 보면서 말해 주었다.
이런 거, 저런 거, 그런 것도 안 했으면 좋겠다고.
무슨 말인지 이해하는 나이가 되기 시작하면 아이들과도 대화가 통한다.
단, 진심 어린 말을 전하고 싶을 때는 진심을 다해 말해야 한다.
요즘 은채, 씩씩하고 명랑하다. 어떨 땐 총각 같다.
그네를 타고 높이 올라가는 스릴도 즐기고,
흔들리는 그네에서 혼자 풀쩍 뛰어내리기도 한다.
옆에서 쩔쩔매면서 그네와 씨름하고 있는 은호에게 이런 말도 한다.
"넌 나처럼 못할걸."
그럴 땐 좀 얄밉기도 하다. 나 닮은 것 같다.

엄마 아빠는 봐 주지 않습니다

"둘 다 돌아서. 손을 들고 생각하는 거야. 뭘 잘못했는지! 생각해 보고 알게 되면 엄마한테 와서 말해 줘."
우리 부부가 아이들에게 바라는 가장 궁극적인 것은 하나. 예의 바른 어린이다. 아니, 기본을 지키는 사람이다. 특히 아래 세 가지는 아이들과도 충분히 공유된 기본 사항이다.

1 인사를 잘합니다. 아니, 꼭 인사를 합니다.
2 고마울 때는 고맙습니다, 하고 말합니다.
3 미안한 일을 했을 때는 먼저 미안하다고 합니다.

물론, 이것 말고도 부모로서 바라는 기대가 전어 가시처럼 많지만, 그것들은 기대조차 품지 않는다. 엄마인 나부터도 아직 부족한 사람인데 애들한테 요구하는 건 말이 안 되는 것 같아서다.
하지만 위의 세 가지? 결코 쉬운 일은 아니다. 더구나 어떤 상황에서도 봐 주지 않는다는 것, 그런 일관성을 갖기가 하늘의 별 따기만큼이나 어렵다. 그래서 어쩌다 아이들에게 버럭 성질을 내고 난 밤이면 우리 부부는 늘 자아비판의 시간을 가졌다. 아이들이 잘되라고 혼을 낸 것인지, 아이가 내 마음대로 안 되어서 성질을 낸 것인지 분석해 보는 것이다.
"봐 줄 걸 그랬나 봐. 애들이 다 그럴 텐데. 그러니까 애들이지, 괜히 애들이겠어?"
"평생 봐 줄 자신 없으면 지금도 봐 주지 않는 거야."
"평생 봐 주면 되지. 흥!"
냉정한 남편이 얄미워서 입으로는 허튼 소리를 하지만 애들에게 나는 봐 주지 않는 엄마다. 그런데 이상한 건 애들은 뒤끝이 없는데 나는 뒤끝이 길다는 것. 야단을 맞아도 애들은 쉽게 내 품으로 달려오는데 야단을 친 내 마음에는 상처가 계속 남는다. 이게 나만 그런 건지 엄마들은 다 그러는 건지 잘 모르겠다.

제가 아니고 은채랍니다

아이들과 우리 부부. 시간이 지날수록 점점 닮아 간다. 생긴 것도 묘하게 닮아 가지만, 무엇보다 말투나 몸짓, 좋은 것과 싫은 것, 맛있는 것과 맛 없는 것 등등 아주 쿵짝이 척척이다.
은채가 혼잣말을 하면서 이불의 각을 맞추거나 은호가 손에 무언가 묻었을 때 부자연스럽게 오므리는 작은 동작 같은 것을 보면 남자 1호와 나는 눈을 맞추며 '저것 봐, 저것 봐 완전 당신 판박이야'라는 말을 복화술로 나누곤 한다.
그뿐일까. 빨래 걷으면 둘이 쪼르르 달려와서 접을 준비를 하고, 청소하는 시간이면 걸레를 달라고 야단인 아이들. 엄마가 지들 마음에 안 드는 옷을 입으면 "딴 거 입어 봐!" 하고, 예쁜 거랑 안 예쁜 거 골라내는 취향도 얼추 나와 비슷해진다. 그러는 게 좋고, 엄청 대견하다가도 가끔 정신이 들면 "아놔!" 하면서 깊은 숨을 쉰다.
"우리 아들, 이담에 장가가면 까다롭게 굴다가 구박받겠지?"
"우리 딸, 이담에 지 몸 혹사시키면서 살겠지?"
그렇게 하소연하면 남편은 늘 내가 그렇게 만들어서 그렇다고 한다. 속으로는 그 말을 인정하면서도 겉으로는 강하게 반발하는 척한다. 그런 나에게 그가 던진 한마디.
"아니 그럼, 엄마 닮지, 누굴 닮아?"
맞다! 엄마 닮지, 누굴 닮겠나. 그런데 그냥 좋은 거만 골라서 닮지. 엄마의 젤 예쁜 모습만 닮지. 그래 주면 얼마나 좋을까? 괜히 좀 싱숭생숭, 뒤죽박죽일 때가 있다.

"엄마 닮지, 그럼 누구 닮아?"

"나도 싫은 내 모습이라는 게 있는데,
그런 거 닮으면 안 되는데,
어떡하지? 어떡하지?
나는 내 아이들이
나보다 천만 배 멋진 사람이었으면 좋겠는데⋯.
얼마나 생각이 많아졌는지 몰라요.
난 체하면서 살지만 사실은 아니었나 봐요.
내 아이들 앞에서 비로소
나 자신을 솔직하게 들여다보게 되었다니까요.
먹이고, 입히고, 재우는 것보다 더 어려운 일은
좋은 생각 먹이고, 바른 품성을 입히는 것.
엄마보다, 아빠보다
훨씬 더 다부진 인생을 만들고 누리도록 응원하는 것.
엄마 닮아 딱 엄마만큼만 되지 말고,
아빠 닮아 딱 그렇게만 살지 말고,
더 멋지게 살아 주었으면 하고 바라는 것.
이런 게 저만의 생각은 아닐 거예요. 그렇지요?"

선생님, 고맙습니다

은호, 은채가 없는 반디는 어떨까요?
아직은 상상이 되지 않습니다.
유치원에 간다는 설렘으로 가득한 은호, 은채에게
조금 섭섭함 같은 느낌이 있었는데
은호가 옆에 와서는 묻지도 않았는데
선생님처럼 크면 반디에 다시 올 거라고 얘기하네요.
아, 예쁜 녀석.
은호, 은채. 그동안 믿고 맡겨 주셔서 정말 감사했습니다.
스스럼없고 감정 표현도 솔직한 아이들이어서
유치원에서도 잘 적응할 것 같습니다.
선생님들께 귀여움도 많이 받을 거예요.
은호에게는 코딱지를 파서 아무 곳에나 붙여 놓으면 안 된다고,
은채에게는 발을 손처럼 너무 자유자재로 쓰면 안 된다고
당부했어요.
우리 엄마는 시장에서 일한다며 너무 자랑스러워하는 은채!
땡굴시장도 많이, 많이 번창하시고 행복하시길 기원합니다.

아이들이 다니던 어린이집의 나무반 선생님한테 마지막 문자 메시지가 도착했다. 수시로 이렇게 엄마들에게 재치 만점의 사연을 보내 주곤 하던 선생님이었는데. 애들만큼이나, 선생님만큼이나 나 역시도 아쉬웠다. 어느덧 자라서 유치원으로 올라간 아이들. 잘할 수 있으려나, 걱정했는데 잘하고 있다. 도시락도 스스로 챙기고, 세수와 양치도 스스로 하고, 유치원으로 출근하기 전에 책을 읽는 좋은 습관도 있고, 엘리베이터 앞에서의 포즈도 더 노련해졌다. 그런데 은호가 코딱지를 벽에 붙여 놓는지 아닌지, 은채가 발을 손처럼 쓰는지 아닌지는 아직 조사를 못했다. 짬을 내어 한번 알아봐야겠다. 아이구야!

#나무반선생님
#마지막알림장
#그리울거예요
#고맙습니다
#나
#시장에서일하는엄마

유치원에 다니기 시작한 지 사흘째. 양은호는 몹시 피곤합니다.

매일 집으로 출근하는 엄마 판박이 양은채. 몸에 좋은 것 좀 해 먹여야겠어요.

까꿍이들, 맘마 먹자
이유식과 유아식 잘 먹이기

엄마는, 맘마다!

"엄마, 맘마!"
이제 막 말을 시작한 그 순간부터, 두 녀석 모두 밥때가 되면 귀신같이 알고 달려와 말을 했다. 그 말이 기뻤다. 밥상머리에 앉아서 투정 한 번 안 부리고, 얌전히 뚝딱 해치운 빈 그릇이 보물 같고, 배가 터져라 먹어대는 그 빵빵한 볼이 시름을 잊게 했다. 에어컨도 없는 집에서 땀 뻘뻘 흘려 가며 애들 반찬 만드는 그 시간이 하나도 덥지 않았으며, 잘 먹고 잘 자라는 우리 애들의 값진 나날이 선물인 듯 감사하게 느껴졌다.
요리 프로그램에서 색다른 조리법이라도 보게 되면 저거, 우리 둥이들 해 줄까? 싶은 마음이 젤 먼저 들고, 화들짝 다디단 과일을 만나면 애들 얼굴이 삼삼했다. 임대 텃밭에다 무언가를 심거나 기를 때도 우리 은호랑 은채한테 착한 밥상 차려 줄 생각에 설레는… 나는 그렇게 매일매일 밥상머리에서 가장 열심히 엄마 노릇을 배웠다.
'엄마'의 다른 말은 '맘마' 같다.
내 밥이 내 아이를 야무지고 행복하게 만들어 줄 거라 믿으니 밥 짓는 두 손에 날개가 달릴 수밖에. 고단해도 불끈 힘을 내어 또 한 끼의 밥상을 기쁘게 차릴 수밖에!
한없는 엄마 노릇, 끝없는 맘마!
둥이들 먹을거리 잔뜩 만들어 쟁이고서 잠시 허리 펴고 쉴 무렵이면 언제나 이런 생각을 하곤 했었다. 엄마는 맘마다, 하고!

이상한 일이 벌어졌다.
애들이 밥을 잘 먹으면 내 배가 부르다는 말.
세상 엄마들의 이 말이 순 거짓말인 줄 알았는데
이 말, 진짜였다.
어쩜 좋아. 나 진짜 엄마가 되고 있나 보다.

□

밥상머리에서 엄마 공부 하나.

밥을 잘 먹다가도
느닷없이 우는 아이들.
왜 울지?
맛이 없어서 우나?
뜨거웠나?
매운가?
매울 리가! 그럴 리 없잖아!
나중에야 알았다.
입안에서 먹을 것이
사라져 가면 운다!
하긴.
그게 울 일이긴 하지.
씹으면 자꾸 사라지니까!

시시콜콜, 밥상머리 수다

: 세 살 버릇 여든까지 가고요,
  세 살 식습관 무덤까지 간대요!

후유, 무지무지하게 고마운 일 하나!
은호와 은채는 아가 때부터 지금까지
가리는 음식 없이 뭐든 잘 먹는다는 것.
처음 보는 음식도,
육해공 그 어느 종류라도,
거부감 없이 잘 먹어 주니 감사할 수밖에.
블로그와 인스타에서,
혹은 가끔 만나는 지인들이
한결같이 물어 보는 식습관에 대한 질문!
어설프지만 나름대로 대답을 마련해 보았다.

질문 1

우와, 어린아이들이 어떻게 제자리에서 얌전히 밥을 먹죠?

〔나의 먹이기 비책〕

1 아이들을 차에 태울 때 카시트가 필수인 것처럼 아이들과 함께 밥상에 앉기 위해서는 유아 식탁 의자가 꼭 필요하다. 엄마나 아빠 무릎에 앉히고 밥을 먹여 주는 습관은 가능하면 빨리 떼어 내는 것이 방법이다.

2 밥을 먹기 전에는 잘 먹겠습니다, 인사를 하게 했다. 마찬가지로 밥을 다 먹은 다음에는 잘 먹었습니다! 하는 인사로 마무리를 할 수 있게 지도했다.

3 밥은 반드시 식탁에 앉아서 먹는다는 것을 아주 어릴 때부터 깨칠 수 있도록 훈련시켰다. 이 부분에서는 비교적 엄격하게 아이들을 대했다. 식탁으로 오지 않거나 떼를 쓸 때는 식탁에 와서 앉을 때까지 따로 밥을 가져다 먹이거나 하지 않고 기다렸다. 냉정하게!

4 세월아 네월아, 마냥 먹도록 허락하지 않았다. 정해진 시간 안에 집중해서 밥을 먹도록 지도했고, 과하게 시간을 끌면서 딴청을 부리거나 하면 단호하게 밥그릇을 치웠다.

5 음식을 가지고 장난을 치거나 할 때도 그만 먹을래? 하고 물은 뒤 주저하지 않고 바로 치웠다.

6 과일이나 주스는 반드시 식사가 끝난 후에 먹는 습관을 들였다.

7 특정 음식만 지속적으로 남기는 일은, 적어도 우리 집에서는 허용되지 않는다. 아이든, 어른이든!

쓰다 보니 무슨 군대에 온 것 같지만 우리 집 밥상에는 정해진 규칙이 많다. 아이들과 만날 무렵 육아계를 휩쓸었던 [프랑스 아이처럼]이라는 책을 보고 나 역시 우리 집 식사 시간을 지속적으로 그려 보고 연습했다. 아이들과 함께 레스토랑에서 정찬을 즐기는 프랑스 사람들을 보며 우리 아이들도 어른들과 함께 식사 시간을 즐길 수 있도록 키우고 싶다고 생각했던 거다.

아직 아이가 없던 시절, 식당에 가면 흔히 보는 풍경이 밥 안 먹고 뛰어다니는 아이와 쩔쩔매며 밥숟가락을 들고 쫓아다니는 엄마 아빠의 모습이었다. 그 모습이 너무 안쓰러워서 나름대로 주먹 불끈 쥐고 세운 규칙이다.

물론 계획은 쉬워도 실천은 쉽지 않았다. 그래도 마음속으로 참을 인(忍) 자를 수없이 그리며 어떤 경우에도 예외를 두지 않았다.

하면 된다.

우리 아이들은 할 수 있다.

식탁 예절이 곧 인생 예절이다.

아이를 키우면서 배운 것 중 하나! 잘하려고 너무 많은 부분에서 애를 쓰는 것보다 내가 세워 둔 원칙에 예외를 두지 않는 것이 훨씬 더 중요하다는 사실. 물론 이것이 가장 어려운 일이었다. 나는 '일관성 있게!'라는 나와의 약속을 지키기 위해 악역도 마다하지 않았는데, 특히 식사 시간에 더더욱 엄격하게 실천했다.

우리 집 식탁에서 수저만큼이나 중요하게 등장하는 도구는 바로 유아 식탁 의자(부스터). 집에서 밥을 먹을 때는 물론 간식을 먹을 때도, 식당이나 지인 집에 놀러 갈 때도, 시댁에 갈 때도 아이들의 식탁 의자 두 개는 자석처럼 필수적인 짐으로 따라붙었다.

손자 손녀를 무릎에 앉히고 밥을 먹이고 싶어 하시는 시부모님을 외면하며 지켜온 이 원칙 덕분에 까꿍이들은 호텔 뷔페에 가서도 얌전히 앉아 저희들만의 식사를 즐길 수 있게 되었다.

만세!

질문 2

밥을 잘 안 먹으면 간식이라도 든든하게?

아뇨, 아니요! 그 함정에 빠지지 마세요!

엄마랑 아빠는 큰 식탁에서, 우리 까꿍이들은 작은 식탁에서! 간식은 반드시 정해진 분량의 식사를 다 마친 후에! 그 약속을 어른도 지키고, 아이들도 지킬 수 있도록 실천했더니… 우리 아이들! 돌 무렵부터 이렇게 후식을 즐길 줄 아는 자태를 보여 주기 시작했다. 물론, 이렇게 되기까지 갈등과 후회, 끝없는 의문이 계속되었지만 지금 와 생각하니 정말이지 잘한 일 같다.

"은호, 은채는 밥을 참 잘 먹어서 좋으시겠어요. 저희 애는 안 먹어서…."
수많은 엄마들의 공통적인 걱정 중 하나가 바로 아이들이 밥을 잘 안 먹는다는 것. 교과서적인 내용은 익히 알고 있지만, 막상 나에게 닥치면 마인드 컨트롤이 잘 되지 않는 게 사실이다.

이럴 때 도움이 되는 주문이 있다. 아무리 잘 먹는 아이들도 언제나 잘 먹지는 않는다는 것. 너무 시시한가? 예를 들어 하루 한 끼를 잘 먹으면 그 다음 끼니는 잘 안 먹고 꾀를 낼 수도 있다. 또한 몸이 아프거나 컨디션이 안 좋을 때도 잘 안 먹는다. 문제는 엄마가 안 먹는 아이를 안쓰러워하면서 '이건 과자가 아니니까 괜찮겠지?' 같은 마음을 갖기 쉽다는 것. 그런 마음으로 과일을 준다거나, 곡물 빵이나 떡을 밥 대신이라고 생각하면서 주게 되면 아이는 그 다음부터 더욱더, 절대적으로 밥을 안 먹게 된다는 것이 문제다. 물론, 나의 경험을 통한 고백이다.

나도 처음에는 밥 대신이라는 마음으로 건강한 간식을 준비하곤 했는데, 그렇게 하자 아이들이 자꾸 밥을 거부했다. 어리다고 얕보면 안 된다. 애들, 생각보다 훨씬 똑똑하니까!

그런 사실을 깨닫게 된 이후, 나는 '밥때 안 먹으면 나머지 시간에는 정말이지 국물도 없다'는 사실을 아이들이 충분히 인지하도록 반복해서 알려 주었다. 단숨에 되지는 않지만 딱 일주일만 그런 노력을 지속하면 놀라운 변화를 만나게 될 거다.

기껏 차려준 밥은 밀어내고 빵이나 과자, 과일 등 다른 간식을 찾지 않게 하려면 밥때는 밥만. 밥 전에는 간식 금지. 과일이나 요구르트 등의 후식은 식사가 끝난 후 어느 정도의 양으로만 준다. 이와 같은 식의 밥상머리 원칙이 반드시 있어야 하는 것 같다.

질문 3

아이를, 그것도 둘이나 동시에 키우면서

살림도 한다는 게 가능한가요?

일할래? 애 볼래? 하면 일할래! 여기에 손을 드는 나. 집안일이 좋은 나. 그래서 아이들이 처음 내 품에 왔을 때 살림할 시간이 없다는 걸 체험하고는 멘붕이 올 정도였다. 한시도 엉덩이 붙이지 않고 움직이고 있는데 왜! 왜! 어째서! 가스레인지 위에 흘러넘친 된장 국물, 각 안 잡힌 냉장실, 장 보고 내던져진 검은 봉지들, 택배 상자가 쌓이는 작업실. 계절이 바뀌고 있다는 사실조차 모르는 드레스 룸 좀 보라지!

아이들과 함께 있는 시간에 살림으로 도망치는, 비겁한 엄마가 되지 않으려면 살림에 때 빼고 광내는 시간에 허리띠를 졸라매야 했다. 육아는 어찌하든 선택과 집중이니까. 다시 말하자면 살림하는 시간을 따로 정해 놓는 것이 방법. 딱 그 시간만큼만 살림을 할 것. 나머지 시간에는 온전히 아이만 바라보기. 그래야 나도 살고, 아이들도 외롭지 않을 테니까.

하여, 내가 두 아이를 키우면서도 살림을 할 수 있도록 자신에게 허락하는 시간은 아침 한 시간과 아이들이 잠든 한밤중의 두 시간. 하루 딱 세 시간만! 조금 남는 시간은 나를 위해 썼다. 나도 사람이니까, 엄마는 결코 로봇이 아니니까. 적어도 나 혼자 숨 쉴 수 있는 시간을 한 시간쯤은 가져야 하지 않겠나.

"엄마와 주부, 두 가지를 전부 다 잘할 수는 없어요. 그렇더라구요. 오죽하면 그렇게 좋아한 블로그를 포기하게 되었을까요. 살림이 좋다는 블로그인데, 그 살림을 못 하면서 어떻게 블로그를 할 수 있었겠어요?"

사실 집안일이라는 건 한번 손을 놓으면 그 다음부터는 걷잡을 수 없이 포기하게 된다. 도대체 어디서부터 손을 대야 할지 모르겠다는 말을 가슴으로, 심장으로, 수도 없이 깨달았었지. 그럼에도 불구하고 나중에는 아예 아이들과 한패가 되어 온 집 안을 어지럽히며 좋아하기도! 그러지 않고서는 도대체 감당할 수가 없어서였다.

사실 지금도 나는 '더도 덜도 말고, 주방만 사수하자!'라는 생각으로 버티기를 하고 있다. 진짜, 지~인짜!

질문 4

아이들이 아빠 밥은 맛없어, 라고 말하는 이유.

그 비밀은 테이블 세팅!

엄청 까칠한 이 남자가 앞치마를 두르고 요리를 했다. 애들을 위해서! 그런데도 왜 우리 아이들은 인상을 썼을까? 지금도 "아빠 밥은 맛없떠요" 하는 이유가 도대체 뭘까? 휴! 나는 안다, 그 이유!

저, 큰일 났어요. 우리 '으노'랑 '은치' 때문에 고생문이 훤해요. 빵을 주면 수프를 달래요. "엄마, 수프가 없떠!" 이래요. 밥 먹다가 뭘 흘리면 표정이 확 변해요. "흘렸떠!" 이러면서 닦으래요. 그것도 당장!

음식 이름도 얼추 다 아는가 봐요. 외웠나 봐요. 생애 처음으로 집에서 자장면을 만들어 줬더니 아들내미 딱 보면서 "카데!" 하데요. 카레인 줄 아는 거죠. 카레 아니고, 자장이라고 알려 줬더니 다음번에는 맞춤으로 딱 꼬집어 얘기했어요. 그런데 더 큰 일은, 엄마가 집 비워 아빠가 밥상 차려준 날은 영상 통화로 이런다는 거죠.

"아빠 밥은 맛없떠."

아니, 나 원 참! 그거 다 엄마가 만들어 놓고 온 거거든! 아빠는 엄마처럼 깔맞춤 세팅도 안 해 주고, 하여튼 무언가 감성 타이밍을 딱딱 못 맞추는가 봐요. 혼자 먹어도 일류 레스토랑 못지않게 잘 차려 먹자는 게 인생 모토였던 나란 여자. 까꿍이들 독박 육아로 머리에 꽃을 달고 있는 와중에도 테이블 세팅 본능만큼은 없앨 수 없었습니다. 이거, 병인 거죠?"

아이들 어릴 때, 블로그에다 쏟아 냈던 고백이다. 한정식집 상차림까지는 아니지만, 그래도 아이들 밥을 차릴 때마다 머릿속에 그림을 그렸다. 오늘은 어떤 그릇에 담아낼지, 매트는 무얼 깔아 줄 건지, 무슨 음악으로 입맛 돋워 줄 건지. 냉장고 속 재료와 그날의 날씨, 어제의 메뉴와 오늘 메뉴… 지고지순하게 이어졌던 생각들. 그 까다로운 머릿속을 남편이 흉내 낼 수 있을 리 만무하다. 그런데 내가 진짜 저질인 게 뭔가 하면 아이들이 '아빠 밥 맛없다'고 할 때, '엄마가 보고 싶어요' 그럴 때 괜히 우쭐한다는 거!

아이들은 안다.
자기 밥상에 정성이 들었는지, 아닌지.
밥알 사이사이에 사랑하는 마음이 뜸 들어 있는지, 아닌지.
기쁘게 차린 음식인지, 의무적으로 차린 건지.
그러니까 애들이라고, 어리다고,
깔보면 안 된다. 큰코다친다.

질문 5

식판에 담아 먹이는 일,

그거 좋은가요? 문제점은 없나요?

"마님, 묻고 싶은 게 있어요. 솔직하게 말해 줄 수 있나요? 있잖아요 식판 다섯 칸, 끼니마다 다 채우기 어렵지 않나요? 음식을 다 채우지 못하면 괜한 죄책감이 들지는 않나요? 아이들이 막 항의를 하고 그러지는 않나요? 우리 집만 그런 건가요?"
어떤 엄마가 내게 물었다. 왜 안 그렇겠나. 너무너무 그러하지. 내 발등을 내가 찍었다, 싶을 때가 얼마나 많았는데! 그렇지만, 그렇기는 했지만, 나는 아직도 식판에 대한 애정을 버릴 수가 없다. 엄마의 의무, 엄마의 마음가짐. 이런 걸 매번 깨닫게 만들어 주는, 아주 단호한 스승이라서 그렇다.

어쨌든 식판은 편하다. 차리기도, 뒷설거지도. 쌍둥이라서 두 번 생각 안 하고 고른 유아 식판. 식판에는 칸이 정해져 있다. 밥 놓을 자리, 국 자리, 반찬 자리 3칸. 사실 이 다섯 칸을 채우기란 은근히 어렵다. 애써 고른 식판에 매일매일 담기는 엄마의 정성이 얼마나 대단한 건지, 반찬보다 더 많은 양의 엄마 땀이 함께 들어가 있다는 것을 뒤늦게야 알았다. 이유식 떼고 본격 유아식을 시작하면서 비로소.

a. 와우맘, 도시락+미니 볼

늘어놓을 게 없으면 브로콜리 데친 거 두 송이를 쓱, 얹어 놓는 날도 있었지만 하루하루 아이들 입맛에 맞게 차리는 일이 좋았다. 내 새끼들이 식판을 싹 비울 때 그 모든 고단함이 사라진다는 것 역시 금방 알게 되었다. 단백질, 채소, 해산물까지 스스로 먹지 못할 때부터 식판에 딱 정해진 양을 차리고, 숟가락 쥐어 주면서 밥을 먹게 했다. 골고루 먹고 무럭무럭 자라 줄래? 오직 그 마음으로 말이다.
하루치의 엄마 노릇.
오늘도 참 잘했어요.
내가 나를 다독이며 빈 식판을 닦는 마음이 그렇게 좋을 수가 없었다.

다 똑같아 보이지만 매일 다른 국, 다른 반찬!

식판 이유식의 특징!

아이들이 오고 처음, 생애 처음으로 뷔페 레스토랑에 갔던 날.

이런 날에도 기어코 식판 이유식을 싸 들고 나갔었다.
은호, 은채! 미안해!
오늘은 엄마 아빠도 몸에, 아니 마음에 좋은 거 좀 먹을게.

아빠와 아들, 남자 대 남자.

근엄하구나, 우리 은호.

은근히 기 싸움.

칫! 결국은 이럴 거면서.

엄마와 딸, 여자 대 여자.

무조건 사랑해!

질문 6

마님은 이유식과 유아식의
간을 어떻게 했는지 궁금해요!

아이들이 만 두 살이 될 때까지는 간을 하지 않았다. 엄마도 살고, 아이들도 살리는 방법이라고 굳게 믿으면서!

나는 시부모님을 비롯한 주변의 눈총을 받으면서도 아주 오랫동안 무염식을 고집했었다. 물론 지금은 저염식으로 먹이지만, 적어도 두 돌이 될 때까지는 무염식을 실천했으니까. 아니 그걸 무슨 맛으로 먹나, 할 수 있겠지만 아직 간이 된 음식을 모르는 아이들에게는 가능한 일이었다. 간 없이 건강한 음식을 먹이고 싶다는 마음도 있었지만, 무엇보다 재료 본연의 맛을 충분히 즐기게 해 주고 싶었던 것 같다. 덕분에 괜스레 '유난스럽다'는 눈총도 엄청 받았다.

소금과 간장 대신 모든 간을 육수나 천연 조미료로 했다. 사실, 간이 밍밍할수록 반찬의 조화가 더욱 중요해진다. 시각, 촉각, 미각 등의 감각을 깨울 수 있을 만한 것들이어야 한다. 예를 들어 한 끼에 놓이는 반찬은 씹는 질감의 차이가 있거나 눈으로 보기에 색감이 확 달라야 한다. 그러다 보니 한 가지 반찬에 들어가는 재료의 가짓수가 다양해지기도 한다.

세상의 모든 시판 음식에는 소위 '단짠단짠'의 간이 되어 있으므로 외출할 때는 무조건 첩첩 도시락이었다. 가벼운 외출은 물론이고, 시댁으로 가는 날도, 긴 여행을 떠날 때는 당연히 거의 이사? 수준의 짐 챙기기와 함께 맘마 챙기기가 기본. 이골이 났구나, 싶을 만큼 전념했던 일이었다.

살림과는 또 다른 육아 살림. 가느다란 실 같은 하루하루가 쌓이면서 서툴고, 생소했던 일들이 내 것이 되어 간다. 이쯤에서 한마디 하고 싶다.
세상의 모든 밥 차리는 사람, 엄마사람 파이팅!

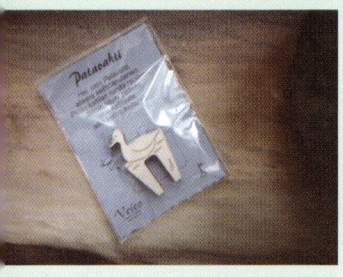

밥물 넘치지 않게 하려고 두 눈을 비비며 불을 지켰다.
내 코딱지들, 내 귀한 보물단지들.
고것들을 입에 들어가는 음식마다에
사랑해, 하는 내 목소리가 들어 있었으면 하고 간절하게 바랐다.
그런데 그렇게 애를 쓰면서도
때때로 나는
엄마로 산다는 게 지겨울 때가 있었다.
힘들어서, 자고 싶어서, 고단함에 눈물이 나서.
그럴 때
나는 나의 얕음,
지독하게 이기적인 나의 마음이
때리고 싶을 만큼 미웠다.

▫ 밥상머리에서 엄마 공부 둘.

매일매일 전투 요리, 이유식을 시작하며

: 사랑은 한 숟갈만 넣고요,
  자부심과 끈기는 백 국자씩 넣으면 됩니다!

살면서 이런 정성을,
누구에게도 쏟아 본 적 없었다고
자신 있게 말할 수 있다.
엄마가 나를 이렇게 키웠겠구나,
미루어 짐작하는 일도 수없이!
그러면서 매일의 이유식을, 날마다의 유아식을
만들고, 또 만들고 했다.
그런데 신기한 것은
몸이 귀찮아하는 그 일들을
마음이 굉장히 기뻐한다는 점이었다.

http://shop.hansalim.or.kr
http://www.choroc.com
http://www.the-mama.co.kr

**직접 키운 엄마 손 채소는 많이 못 먹였어도
애들 먹일 식재료는 반드시 유기농으로만!**

아쉽게도 텃밭을 갈무리할 철에 은호, 은채를 만나 내 손으로 직접 키운 것들로 이유식을 시작하지는 못했다. 하지만 식재료는 유기농으로 골라야겠다는 생각에 [한살림]과 [초록마을] 인터넷 장보기를 적극 활용했다.
아이 데리고 장보기는 언감생심, 인터넷 쇼핑이 아기 엄마들을 살려주는구나. 유기농 매장들은 대부분 제철 재료를 갖추고 있는 데다 믿을 만한 고기를 구입할 수 있어 애정애정, 하는 편이다.

하루 한 냄비 맛있게 다 먹이기
다진 재료로 끼니마다 돌려 막기 신공

표고버섯, 시금치, 당근, 감자, 단호박, 쇠고기, 파프리카. 아이들이 잠자리에 들기 무섭게 재료 떨어질까 잘잘하게 다지고, 칸칸이 채워 놓았던 이유식 재료들. 여전히 눈 감고도 만들 수 있을 것만 같다.

은호와 은채를 처음 만난 게 이유식을 시작한 지 한 달쯤 되는 시점이었다. 아직은 기저귀 가는 것과 젖병 물리기에도 훈련이 덜 된 초보 엄마인데 삼시 세 끼 이유식을 준비해야 했으니 힘이 들기보다 두려운 게 사실이었다.

그도 그럴 것이 이유식을 잘 먹여야 잔병치레 없이 건강하고, 편식도 안 한다는 말을 수없이 들었으니까. 더구나 세상 모든 것에게 의미를 붙이고 싶을 때인지라 아이들에게 처음으로 만들어 주는 이유식 역시 도구와 재료 갖추기부터 소중했었다.

이유식은 매일의 기본 재료를 준비해 두고 하루 분량씩 만들었다. 손이 크다 보니 한 냄비 끓이게 되는데, 아이가 둘인지라 좀 넉넉하게 끓여 놓아도 엄마사람도 한 그릇 후루룩 먹고 나면 늘 하루에 싹 먹어 치울 수 있었다.

냉동한 이유식은 중탕해서 데우는데, 냉동을 중탕하는 시간이나 이유식 만드는 시간이나 비슷하게 소요되므로 아가들이 조금 더 맛있게 먹을 수 있도록 매일 끓였다.

아침, 점심, 저녁 이유식 먹고 중간 중간 생우유 먹고, 3시쯤 간식 먹고 하루 종일 먹이느라 바빴었다. 그래도 가리는 것 없이 내놓는 것마다 잘 먹는 아이들 얼굴 처다보는 재미에 힘든 줄 모르고, 나이 든 엄마는 살이 쪽쪽 빠지던 그 시절. 그래도 한 그릇 이유식은 일식삼찬 밥 차리기보다 낫다는 걸… 이때는 몰랐었지!!!!!

집에 오고 이틀 지나 열이 끓었던 은호,
함께 울면서 쑤었던 다시마무죽

두 아이를 안고 조심조심, 조금은 어색하게 집으로 들어왔었다.
고려청자를 안고 온 듯 쩔쩔매면서 어떻게 해야 할지 몰라 허둥지둥. 그런데 하필 그날 밤, 은호의 이마가 뜨거웠다. 아프다! 어떡해. 이럴 때 어떡하는 거야. 응급실에 다녀와서 열이 조금 식은 후, 배고파 우는 아이를 위해 우유 대신 만들어 먹였던 눈물의 죽이다.

"다시마는 찬 성분이라서 열이 날 때 먹으면 좋다고 해요."

1 다시마는 마른 면보로 깨끗하게 닦은 뒤 끓는 물에 데치듯 삶아서 건진다.
2 그 육수에 밥을 넣고 약한 불에서 끓이기 시작한다. 나는 아이들에게 현미밥을 지어 먹였기 때문에 죽도 역시 현미밥으로 끓였다.
3 무는 아주 작고 얇게 다지듯이 썰어 죽에 넣는다.
4 익힌 다시마를 믹서에 갈아서 마지막에 죽에 넣은 뒤 한소끔 더 끓인다.

애도 어른도 잘 먹는 명품 전복죽

죽 얘기 나온 김에 하나 더. 내가 참 좋아하는 전복죽이다. 맛있어서 좋기도 하지만 그보다는 일거리를 줄여 줘서 고맙다. 예로부터 전복죽은 임금님 수라상에 오르던 명품 죽이니 고급이라 부르기에 주저함이 없지 않은가. 다른 반찬이 무어 필요하겠나. 죽 한 그릇씩 앞에 놓고 훌훌 불어 먹으면 저절로 몸보신이 되는 걸!

전복죽 끓일 때는 애, 어른 구별 없이 만들어서 어른들만 따로 간을 해서 먹는다. 그럼 두말없이 어, 좋다! 하면서 잘 먹는다. 누가? 우리 집 남자가. 그럼 애들은? 당연히 죽 그릇 싹싹 비운다. 애들도 몸에 좋은 거는 잘 안다.

"전복 껍데기 그냥 버리지 말고요. 다시마 넣고 육수 내서 죽 끓일 때 넣으세요."

1 쌀은 물에 담가 두어 시간 정도 불렸다가 깨끗하게 씻어 건진다. 불린 쌀은 분쇄기에 살짝 갈거나, 불린 쌀 그대로 죽을 쑤어도 괜찮다.
2 전복은 깨끗한 솔로 박박 문질러 가며 흐르는 물로 껍데기까지 깨끗하게 씻는다.
3 숟가락으로 전복의 몸통과 내장을 떼어 낸다.
4 입과 모래집은 제거하고 살과 내장은 잘게 썬다.
5 전복 껍데기에 찬물을 붓고, 다시마를 넣어 팔팔 끓인다. 육수로 활용할 참이다.
6 썰어 놓은 전복 살과 내장을 참기름에 달달 볶다가 불린 쌀을 넣고, 껍데기를 우려 만든 육수를 붓고 끓인다.
7 마지막에 소금 간을 하는데 아이들 것을 먼저 그릇에 담은 뒤 어른이 먹을 것에 소금을 넣으면 두 가지 타입의 죽을 단숨에 끓여 내는 작전을 완수할 수 있다.

a. 베이비 우에무라, 이유식 용기
b. 스탠딩 지퍼백

이유식 맛내기의 기본,
떨어질까 두려운 쇠고기 육수

생후 6개월부터는 쇠고기를 부지런히 먹여야 하는데! 음식에 간도 안 하고, 오직 쇠고기 육수만 사용하느라 냉장고 속에 쇠고기가 떨어질까 봐 날마다 노심초사. 육수 낸 고기는 그대로 이유식에 쓸 거라서 물을 부어 팔팔 끓이다가 국물이 잘 우러나면, 그때 고기를 건져 잘게 다져서 활용했다. 육수는 이유식 한 번 분량만큼씩 소분해서 1회용 지퍼백에 담아 냉동 보관하는 것이 최선의 방법이다.

1 쇠고기는 양지머리나 사태를 준비해 핏물을 뺀다.
2 끓는 물에 고기 덩어리를 넣었다가 데치듯 꺼내고 그 물은 버린다.
3 새 물을 붓고 거품을 걷어 내며 팔팔, 깨끗하게 끓인다.
4 고기는 건져 잘게 다진 뒤 1회 이유식을 만들 분량씩 소분해 냉동한다.
5 가장 중요한 육수는 역시 1회분씩 스탠딩 지퍼백이나 밀폐 용기에 담아 냉동실로 보낸다.
6 끝! 이렇게 해 두면 며칠은 숨 좀 돌릴 수 있다.

잘 말려서 가차 없이 부숴요!
이유식 도우미, 홈메이드 후리카케

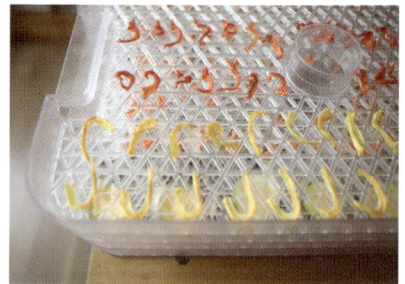

1 파프리카, 애호박, 당근 등 갖은 재료는 잘 씻어서 얇게 썬다.
2 잔멸치는 쌀뜨물에 반나절 정도 담가 짠맛을 뺀 뒤 체에 밭쳐 물기를 없애고, 기름 없는 팬에 볶는다.
3 보리새우도 팬에 볶고, 파래 김은 바싹 구워 손으로 잘게 찢어 둔다.
4 준비한 채소들을 식품건조기에 줄 세우고, 중간 온도로 24시간 건조한다.
5 모든 재료들을 분쇄기에 넣고 곱게 갈아 소분해서 보관한다.

이유식을 만들면서 늘 떨어지지 않게 갖춰 두었던 것 중 하나가 바로 후리카케, 일명 마법의 가루였다. 아이들이 오기 전에도 말리기에는 일가견이 있던 나. 가지, 호박, 무 할 것 없이 죄 베란다에서 자연 건조하는 습관이 있던 터라 별로 특별할 건 없는 일이었다. 한데 자연 건조로는 재료 충당이 조금 어려웠고, 마침 건조기가 한창 유행하던 무렵이어서 눈에 띄는 재료는 몽땅 이렇게 말리곤 했다.
바스락 말린 뒤 곱게 갈아 섞기만 하면 되는 후리카케는 밥에 섞어 먹이기에도, 죽 쑬 때 사용하기에도, 나물이나 볶음 요리에 넣기에도 안성맞춤. 채소가 가진 단맛, 은은한 향, 과일의 감칠맛, 해산물의 깊은 맛 같은 것이 몇 배 더 높아지는 것은 물론, 영양 면에서도 부족함이 없는 재료다. 병병마다 담아 놓고 사랑해, 하면서 뿌려 먹였었다.

바로 먹을 것은 냉장실에서 일주일 정도, 오래 두고 먹으려면 냉동실에 넣고 한 달 정도는 쓸 수 있다. 각종 반찬이나 국에 천연 조미료로, 달걀노른자 으깬 것을 섞어 주먹밥으로! 다양하게 활용할 수 있다. 내친김에 주먹밥을 만들어 볼까? 잡곡밥과 후리카케, 영양의 균형을 위해 삶아 부순 달걀노른자도 조금! 섞어 뭉친다. 끝! 너무 쉽구나.

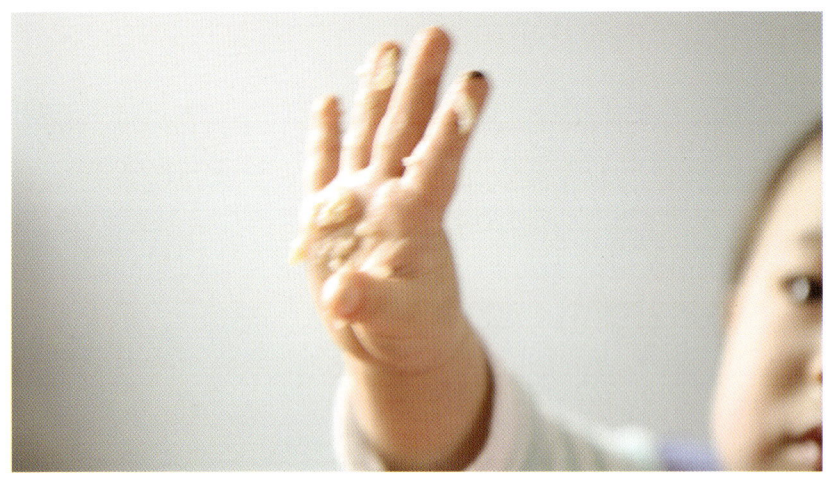

은호가 덕지덕지 밥알이 붙은 손바닥을 펼쳐 보였다.
아하하하, 예뻐라!
바보 엄마처럼 달려가서 은호의 손바닥을 점령한 밥알을
입으로 싹싹 긁어 먹어 주었다.
이유식이 한창일 때 나는 애들 손바닥에,
애들 얼굴에 붙은 밥만 뜯어 먹어도 배가 불렀다.
그러니까 엄마인 나도 애들이랑 같이 이유식을 먹으면서 큰 거다.

은채는 쉬운 여자. 심심해할 때 손가락 하나 내어 주면
요리 만져 보고, 조리 튕겨 보고 하면서 재미나 했었다.
그럼 또 바보 엄마인 나는 애들한테 사랑 받는
기분이 들어서 하루 종일, 틈만 나면, 아무 때나!
손가락을 펼쳐 보이며 말했다.
"우리, 찌찌뽕!"
나, 애들한테 사랑 받고 싶었나 보다.

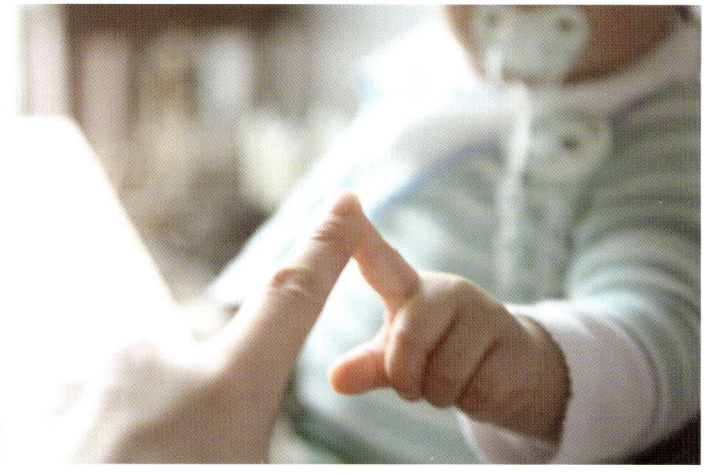

후리카케는 현미죽, 쌀죽, 잡곡죽.
이유식용 죽을 쑬 때 좋다.
작은 숟가락으로 톡톡.
감자 볶고, 당근 볶고, 브로콜리도 볶고.
볶음 요리할 때도
후리카케가 역량을 발휘한다.
맨밥을 비빌 때도 좋고,
무쳐 먹는 요리에도 딱 좋고.
그러니까 떨어뜨리는 일 없이 만들어 두어야 한다.
아가아가한 아가가 집에 있다면.

띵굴 엄마의 특별식

: 은호, 은채가 쌍 '따봉' 날려 주는
 인기 메뉴가 따로 있어요!

먼저 양해 말씀 구합니다.
저는 요리할 때 특별히 계량을 하지 않아요.
재료 분량도 마음 내키는 대로일 때가 많죠.
그래서 부득이하게 레시피에
정확한 분량을 적어 드리지 못하는 점,
양해 부탁드립니다.
더구나 아이들 음식에는 간을 하지 않아서
그냥 재료의 조리 순서대로
책에 소개하게 되었습니다.
정말 죄송합니다, 꾸벅!

우리는 지금, 엄마 맘마를 기다리고 있어요.

맛있는 냄새, 나는 거 같지? 그래. 그러니까 조용히 기다리자.

이열치열 여름 나기
까꿍이들의 첫 국수, 간단 콩국수

후텁지근한 장마철.
에어컨 없이 살아 보고 있는 우리 집에서의 여름 나기는
사실 뭐 그렇게 반갑지는 않다.
선풍기도 잘 켜지 않고,
대신 하루 종일 부채질로
아이들의 땀을 식혀 주며 키웠다.
아니, 지금도 그렇게 키우고 있다.
'까꿍이들도 입맛 도는 무언가가 필요할 거야.'
어렸을 적 엄마가 내게 해 주시던 것처럼
오이 고명을 얹어 콩국수를 만들기로 했다.
아열대 같은 집에서 고생하는 까꿍이들을 위하여
처음으로 도전했던 콩국수의 기억을 다시 꺼낸다.

아직은 숟가락질이 서툴러서 먹여 줍니다.

그래도 폼으로 그릇 하나씩 놓아 줍니다.

1 믹서에 연두부 1모, 우유 1컵, 흑임자 2큰술을 넣고 곱게 간다.

2 현미쌀국수는 끓는 물에 삶아 찬물에 헹궈 물기를 뺀다. 아직 면을 끊어 먹기가 서툰 아이라면 잘게 잘라서 숟가락으로 떠먹을 수 있게 해 준다.

3 국수를 그릇에 담고, ①의 콩 국물을 살금 부은 뒤, 마지막으로 텃밭에서 따온 오이 고명을 올린다.

콩국수의 난! 아가 때부터 해 먹인 콩국수, 점점 더 잘 먹습니다.

콩국수 이유식, 그 후 몇 년

여름이 오면 귀신같이 알고 말하죠. "콩국수 안 먹어요?"

엄마는 점점 요령이 늘어갑니다. 우선, 안심하고 먹일 수 있는 건강한 콩가루를 삽니다.

www.slowfoodfactory.com

유기농 우유에 콩가루를 넣고 믹서에 우, 하고 갈아 줍니다. 잘 섞이라고요.

국수도 역시 보통 국수 대신 거창한 국수! 오늘은 초록이 부추국수를 삶아 콩국에 담가 냅니다.

grandnoodle.modoo.at

콩국수 위에 도톰하게 썬 오이와 달걀말이 수준의 지단, 토마토도 한 조각 올리고 피클과 함께 냅니다.

엄마 텃밭의 진수를 보여 준
감자솥밥

a. 오일클로스, 밥뚝배기
(www.oilcloth.co.kr)

한여름이 오기 전, 텃밭에서 감자 키우고 토마토를 거두면서 아장아장 걷는 아이들과 텃밭 나들이를 했다. 감자는 흙이 묻은 채로 그늘에서 말리고, 상처가 난 것은 골라 내어 제일 먼저 그것부터 조리한다.

메추리알만큼 작은 감자는 밥에 넣어 영양밥을 짓듯이 조리하면 감자 한 알 한 알, 통감자 잘라 먹는 재미 덕분에 밥상머리에 흥이 돋았다.

감자밥은 어떻게? 밥을 지을 때 감자를 올려서! 대신 물을 좀 넉넉하게 잡는다. 농약 없이 키운 감자는 베이킹소다로 박박 닦아서 껍질 그대로 밥에 올렸다. 아이들에게 거친 음식을 먹이고 싶다는 것이 목적이었는데 수고까지 덜어 주니 엄청 고마운 일!

감자그라탱,
아빠가 처음 만들어 준 간식

 숟가락이 도착하기도 전에 입부터 벌리고 기다리던 먹성 좋은 까꿍이들! 너희들, 이때 참 귀여웠어, 얘!

감자, 쇠고기, 양배추와 토마토 그리고 유아용 치즈가 필요한 메뉴입니다!

1. 토마토 1개를 믹서에 곱게 간다.
2. 감자 2개는 옥수수 알 하나 정도 크기로 잘게 썰어서 찬물에 담가 전분기를 뺀다.
3. 감자를 체에 받친다. 물기를 빼는 동안 쇠고기와 양배추를 잘게 썰어 준비한다.
4. 기름 두른 냄비에 썰어 둔 재료들을 모두 넣고 볶는다.
5. 볶아진 재료에 믹서에 간 토마토소스를 부은 뒤 오븐용 내열 용기에 담는다.
6. 유아용 치즈 2장을 얹어 200℃로 예열한 오븐에 8분간 익힌다.

닭고기 산 날, 일석삼조 닭 요리
닭들 건강할 때만 사서 냉동실에 쟁이기

고기 중에서 냉동했다가 조리해도 가장 맛의 변화가 적은 것이 닭고기다. 같은 재료라도 최대한 다르게 조리해서 밥 먹는 아가들 지루하지 않게 신경 썼던 나는, 닭이랑 한동안 매우 친하게 지냈다. 아니, 여러 닭에게 미안했다.
"닭고기 파동 있을 때는 안 먹이실 거죠? 그래야 합니다. 연약한 아가들이니까요."

닭고기브로콜리완자

1 닭은 안심으로 준비한다. 아이들이 먹기 좋은 부드러운 살로! 준비한 닭 안심을 깨끗하게 손질한 뒤 푸드 프로세서에 간다.
2 브로콜리는 손질해서 삶은 뒤 잘게 다진다. 갈아 놓은 닭 안심과 브로콜리를 섞어 치댄다.
3 잘 섞인 닭살과 브로콜리 반죽을 정성스럽게 한입 크기로 빚는다. 닭살의 찰기 덕분에 녹말이나 밀가루 없이도 똘똘하게 잘 뭉쳐진다.
4 빚어 놓은 완자를 찜기에 넣고 찐다. 포슬포슬 건강하게 익어 가는 소리와 냄새를 즐기면서.

닭고기완자를 만들 때는 남편 조심! 자꾸 집어 먹는 경향이 있다.

닭고기브로콜리동그랑땡

닭고기브로콜리완자 반죽 중 일부를 동그랑땡 모양으로 빚는다. (한살림) 현미유에 지글지글 부치면 기름 두른 맛에 입맛 없을 때라도 잘 먹는다.

찜기에 쪘을 땐 완자 먹자, 하고
프라이팬에 구웠을 땐 동그랑땡 먹자, 하면
애들이 감쪽같이 속는다.
어차피 똑같은 음식인데 다른 건 줄 안다.

닭고기토마토소스조림

1 토마토 1개를 믹서에 간다. 만들어 둔 토마토소스가 있으면 활용해도 괜찮다.
2 닭고기 안심은 3덩어리 정도! 끓는 물에 데쳐 잘게 찢는다.
3 양파 1/2개와 토마토소스, 닭고기 안심을 냄비에 넣고 바글바글 끓인다.
4 어머, 이건 조림이잖아! 싶은 비주얼이 되면 불을 끄고 정성스럽게 그릇에 담아 먹인다.

고기 종류만 쏙 바꿔 만든,
아주 얌체 같은
쇠고기찹쌀미트볼

쇠고기 씹을 때마다 질깃질깃해서인지
자꾸 짜증을 내는 까꿍이들!
뭔가 쇠고기 아닌 듯한 쇠고기를
먹이고 싶어서 만든 메뉴였다.
애들 먹이기 전에 시식해 볼까?
아하! 쫀득한 식감이 마치 감자떡과 흡사하고,
쇠고기의 담백함 + 브로콜리의 달큰함이
잘 조화된 맛이다.
됐네, 됐어! 절대 안 먹을 리 없겠다니까!

1 브로콜리는 삶아 다지고, 다진 쇠고기는 기름 없는 팬에 볶는다.
2 쇠고기와 브로콜리를 볼에 담은 뒤 100% 전분가루와 약간의 물을 섞어 가며 농도를 맞추어 잘 섞는다.
3 한입 크기로 동그랗게 빚는다.
4 김이 오른 찜기에 넣고 4~5분 정도 쪄 낸다.

파스타의 세계에 물들고 말았던!
로제크림소스현미파스타

주야장천 밥만 먹던 까꿍이들에게 밥이 아닌 쫄깃한 면발, 그 신세계를 경험시켜 준 날이었다. 잊을 수 없다. 두 눈이 동그랗게 커졌던 두 아이의 그 얼굴! 맛있지, 맛있겠지! 엄마는 스무 살 넘어 처음 맛본 파스타의 신세계를 여적 못 잊겠는 걸!

1 먼저 오일을 두른 편수 냄비에 다진 쇠고기를 볶는다. 이때 물을 팔팔 끓여 파스타 면도 삶는다.
2 볶은 쇠고기에 껍질째 곱게 갈은 토마토를 넣고 한소끔 끓이다가 다진 양파와 브로콜리를 넣고 다시 한소끔 끓인다.
3 국물이 자작하게 줄어 들었을 때 우유를 넣는다.
4 불을 약하게 줄인 상태에서 녹말가루와 물을 1:1로 푼 녹말가루 물을 넣고 농도를 조절하면 살구 빛 로제크림소스 완성.
5 삶은 파스타에 소스를 넣고 비벼 두둥. 아이들 상으로 어깨춤을 추면서 가져간다.

아이들이 어리다면 스파게티 면 대신 (한살림) 현미국수를 권한다. 면의 길이가 너무 길면 아이들 목에 걸려 사레들리기 십상! 긴 면을 삶았다면 마카로니 사이즈로 자르는 걸 추천한다. 참! 국수가 불면 먹기 더 좋다.
파스타에는 메시드포테이토 등을 곁들이면 더욱 맛있게 먹을 수 있다.

이유식과 유아식 잘 먹이기

어른 입에도 착착 붙는
요구르트 메시드포테이토

어릴 때 먹었던 엄마 음식 중에서 맛있게 기억하는 몇 가지. 그중 하나가 메시드포테이토다. '감자사라다'. 어릴 때는 그렇게 부르면서 냠냠했었는데. 보통은 갖은 채소와 햄, 달걀 같은 것을 함께 넣고 버무리면서 마요네즈로 맛을 내지만, 아이들에게 먹일 때는 되도록 맛과 재료 종류는 간소하게! 이유식으로 먹이기 훌륭하고, 파스타나 미트볼 등을 식사로 준비할 때 곁들여도 좋다.

1 감자는 껍질을 벗긴 뒤 자잘하게 깍둑썰기 하여 물에 삶아 익힌다. 감자를 쪄서 사용해도 좋다.
2 익힌 감자는 폭신폭신하게 으깬다.
3 한김 식힌 뒤 요구르트와 배 시럽을 적절히 섞어 맛과 농도를 조절한다. 배 시럽이 없으면? 꿀이나 아가베 시럽 등 집에 있는 것을 활용하면 된다. 별도의 소금 간은 하지 않는다.

입맛 없거나 아플 때도
잘 먹는 비장의 크림떡볶이

1 제일 먼저 브로콜리를 잘게 썰어 끓는 물에 데친다.
2 브로콜리를 건져 낸 뒤 〔한살림〕에서 구입한 유기농 조랭이떡을 그 물에 그대로 넣고 삶아 건진다.
3 200㎖ 우유 한 팩에 콩가루를 3작은술 정도 넣고 냄비에 담아 불에 올린다.
4 우유가 끓으면 떡과 브로콜리를 넣고 살짝 끓이다가 생크림을 약간 곁들인다.

"내 새끼들, 잘 먹어 줘서 고마워!"

밀가루 간식은 되도록 천천히!
미루고 미루다 결국, 절반의 와플

무염식과 더불어 가장 중요하게 생각했던 것이 바로 밀가루를 최대한 늦게 먹이는 일이었다. 국수 요리를 할 때도 무조건 현미로 만든 국수를 애용했고, 빵이나 과자보다는 떡이나 과일을 주면서 나름의 의지를 보였으니까. 하지만 아이들이 자라고, 어린이집에 다니게 되면서 나의 원칙을 계속 고수하기가 힘들어졌다.

그래서 드디어 준비한 밀가루 간식, 와플을 굽기로 했다. 완전히 홈메이드 엄마표 와플이면 좋겠지만, 나는 여전히 머리에 꽃 왕창 달고 있는 부산한 엄마니까! 노 슈거, 글루텐 프리를 강조한 'Waffle & Pancake Mix'를 [아이허브(kr.iherb.com)]에서 구입해 만들었다. 그래서 절반의 와플이라고 이름 붙이기로!

만드는 방법? 믹스를 구입한 터라 매우 간단하다. 우유와 달걀을 풀어 믹스에 넣고 젓기만 하면 끝. 농도는 국자로 떠서 팬에 부을 때 졸졸 떨어질 만큼 묽게 하면 된다.

그런데 집에서 어떻게 와플 전문점 같은 모양을 낼 수 있을지 궁금할 수 있겠다. 이쯤에서 정보 하나. 와플을 굽기 좋은 홈메이드용 이 제품이 유용하다. 혹시 필요한 독자가 있을지도 모르니까.

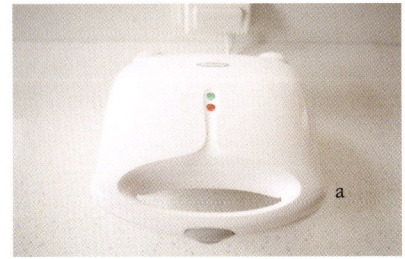

a. 프록터(proctor), 와플기

b. 호빵맨 팬케이크 팬

와플 굽는 장비가 없을 때는 팬케이크로 만들어 먹여도 그만이다. 나의 경우, 팬케이크 반죽은 와플보다 조금 되직하게! 약한 불에서 팬에 반죽을 올리고, 퐁퐁 구멍이 생기면 착, 뒤집어 준다. 그러면 멋지게 선탠한 호빵맨이 나온다. 호빵맨이 나온다구? 어떻게? 호빵맨 프라이팬에 구웠으니까. 애들이 쓰러질 정도로 좋아한다. 여기서 호빵맨 프라이팬 정보도 남기고 간다.

이유식과 유아식 잘 먹이기

와플이 구워지는 시간.
그 짧은 공백에도 생각한다.
뭘 더 곁들여 먹이면 좋을까를.
손질해서 냉동해 두었던 베리들을 꺼내 블루베리콩포트를 만들기로 한다.
또 다른 베리, 깜찍이 산딸기는 스무디로 만들어 함께 먹일 거다.
우리 애들 목메지 말라고.
아이들이 무얼 먹든 그 순간이 맛있었으면, 건강했으면.
오직 이 생각뿐이다.
나 정말 은호랑 은채한테 푹 빠졌나 보다.

밥상머리에서 엄마 공부 셋.

콩포트라는 말이 별스러워 보이지만, 그저 과일 조림 정도로 생각하면 된다. 냉동해 두었던 블루베리와 [초록마을]에서 구입한 유기농 아가베 시럽을 넣고 약한 불에서 걸쭉하게 조렸다. 콩포트는 오래 두고 먹는 것이 아니라서 시럽을 아주 조금만 넣어도 괜찮다. 냉장 보관하고 1주일 안에 먹는다.

제철 과일로, 천도복숭아 병조림

시댁에서 보내시는 귀한 과일들이나 마트에서 산 과일들. 처음에는 열심히 깎아 먹이고, 조금 시들해 보이면 냅다 청이나 조림을 만들어 보관한다. 천도복숭아들은 베이킹소다로 박박 닦은 뒤 껍질 까고 과육만 착착 썰어 설탕과 레몬즙을 넣고 조린다. 청이나 조림을 만들 때 설탕은 보통 1:1 동량으로 넣지만 아이들 위주로 먹게 될 거라서 설탕의 양은 조금 줄인다. 두툼한 솥에 넣고 잘 저어가며 약한 불로 조려서 체에 밭쳐 걸렀다가 소독한 병에 건더기를 먼저 넣고, 마지막에 달콤한 국물을 부어 식힌다. 다 식으면 냉장고로! 그 다음엔 어떻게 먹지? 이 아이들의 활약은 다음 페이지에!

천도복숭아의 맹활약을 기대하세요

천도복숭아 병조림을 맛있게 먹이는 네 가지 방법

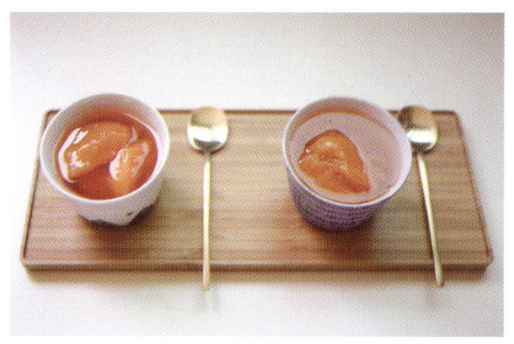

깡통 복숭아를 추억하는 맛, 그냥 먹인다.

탄산수에 섞어서 에이드로 먹인다.

플레인 요구르트에 얹어서 건강하게 먹인다.

a. 아이스크림 틀_ 캔디기 4구

우유에 잘게 썬 천도복숭아조림 건더기와 국물을
넣어 섞은 뒤 셔벗 용기에 넣어 얼리면?
아이스케키!

맛있어요, 맛있어요! 먹는 내내 말하는 천상의 간식!

한 방울도 남기지 않는다는 원칙!

유아식을 시작하며

: 점점 어른이 되어 가고요,

엄마는 내 새끼가 눈물겹고요!

나는 [살림이 좋아]라는 책을 쓴 여자다.
하나 이제 그 제목은 무색해졌다.
살림이 싫다. 아니, 싫은 것이 아니라 할 수가 없다.
살림을 해야 해서 아이들과 노는 시간에
자꾸 구속 받는 기분이 드는 게 싫다.
그러다 보니 살림은 자꾸 몰아서 하게 되었다.
블로그에 무언가를 기록하기도 어려워졌다.
프로 엄마가 된다는 것이 얼마나 어려운 일인지를
매일매일 절감하면서 살았다. 살고 있다.
나는 오늘도 그저,
내 아이들 입속으로 좋은 음식 들어가는 게
한없이 고맙고 눈물겹다.
그 음식을 먹고, 하루하루 자라나는 내 새끼들.
그러면 됐다, 한다.

아침은 칙칙폭폭 보리차 끓이는 것으로 시작된다. 물론 까꿍이들이 코~ 잠들고 난 후의 시간에도 여전히 주방은 부산하다. 까꿍이들 맘마 만드는 시간이면 가스레인지 위에 솥단지며 편수 냄비가 꽉 차게 올라간다. 무르게 진밥을 만들고, 반찬 준비하고, 국 끓이고. 일주일에 한 번 반찬 만드는 날이 오면 더더욱 난리법석이다.
집안일을 왕창 몰아서 하는, 게릴라 살림 스타일까지 울 엄마를 닮았다. 엄마가 나처럼, 딱 그러셨다는데.

엄마 떠난 지 오래인데 내 혈관 속에, 뼛속에, 심장에도… 엄마는 계속 숨 쉬고 있나 봐.

부엌은 지금, 끓고 있어요

오늘은 까꿍이 반찬에 어른 반찬까지 만드는 날. 채소는 채소대로 씻어 건지고, 고기와 해산물도 배트 위에 줄을 세운다. 이제 냉장고 속 소스와 양념을 모두 꺼내면 전투 준비 완료!
만드는 분량은 반찬당 3일치씩 여섯 종류 정도. 이렇게 미리미리 만들어 놓고 아침저녁으로 돌려 가며 섞어 내면 된다. 따끈한 국과 일품요리 하나만 더 하면 밥상 차리기, 문제없다.
주말에는 되도록 아이들과 가출하는 것이 우리 집 스타일. 그래서 주말 음식 걱정은 하지 않는다. 이런 쉼이라도 있어야지. 안 그러면 부엌이 부글부글 끓다, 끓다가 폭발하고 말걸!

몰아서 반찬, 밑반찬 만드는 날
우리 식탁의 단골 반찬

애들이 두 살이 넘어서도 음식에 간을 안 하는 대신 천연 재료로 만든 맛가루를 적극 활용했다. 되도록 직접 만들어 썼지만 급할 때는 [초록마을] 표고가루, 멸치다시마가루 등을 사용했다. 국에도 간을 안 했기 때문에 꼭 쇠고기 육수를 베이스로 사용했는데 간을 시작하고 나서는 저염 맛간장, 저염 국간장 등을 썼다.
죽보다 되직한 밥을 먹이기 시작하면서는 밥에 되도록 잡곡을 섞었다. 현미찹쌀과 백미, 수수, 흑미 등 4~5가지를 섞어서 압력 밥솥에 밥을 짓는 게 매일의 밥상 준비, 그 시작이었다.

a. 미스달스튜디오, 스테인리스 시즈닝 스파이시 JAR(www.missdal.com)

반찬 만드는 날은 당연히 아이 반찬과 어른 반찬을 함께 만드는 것이 정석이다. 애들이 자라 밥과 반찬을 먹기 시작하면서부터 쭉 그렇게 해 오고 있다. 매운맛을 빼거나, 간을 줄이거나, 성장기에 좋은 것을 더 첨가하거나 하면서 탄력적으로 운영하는 편이다.

그러니까 좀 더 구체적으로 설명하면 호박볶음을 만든다, 치자. 우선 아이들용으로 먼저 만든다. 맛가루를 솔솔 뿌려서 건강한 맛을 낸 뒤 조금만 덜어 아이들 전용 용기에 담는다. 이렇게 아이들 먹을 것이 완성되면 그다음에는 제멋대로 넣고 싶은 것들을 다 넣고 간을 해서 어른 반찬을 만드는 거다. 이렇게 2단계 조리법으로 먹고 사는 것이 우리 집 밑반찬 방식이다.

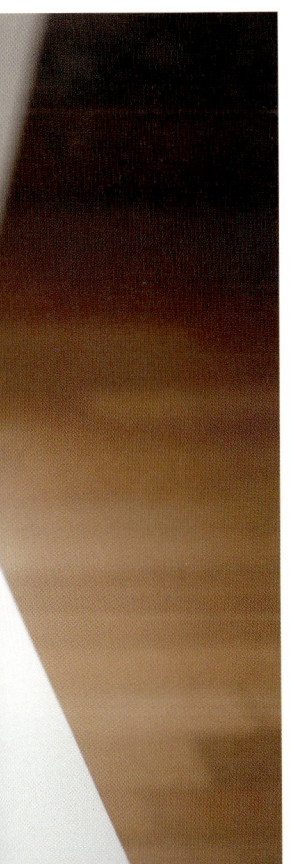

까꿍이들이 잘 먹는 가지가지 밥반찬들

〔**오이볶음**〕 팬에 들기름을 두른 다음 다진 쇠고기를 넣고 볶다가 오이를 넣어서 볶은 뒤 저염 소금으로 간한다.

〔**멸치견과류볶음**〕 떨어지면 큰일 나는 밑반찬. 마른 프라이팬에 잔멸치를 볶다가 조청 넣어 섞으면 끝. 해바라기 씨나 아몬드 슬라이스 등 자잘한 견과류를 더하면 더욱 맛있다.

〔**우엉채조림**〕 김밥, 볶음밥, 밥반찬 등에 다양하게 활용할 수 있다. 조청, 맛간장, 물을 넣고 볶듯이 조리면 아삭아삭! 많이 만들어 냉동했다가 사용해도 맛이 그대로다.

〔**묵말랭이잡채**〕 말린 묵은 끓는 물에 넣었다가 퉁퉁 불면 건진다. 나머지 재료는 집에 있는 채소, 고기, 해물 등 어떤 것이든 만사형통. 기름 두른 팬에 채 썬 재료들을 볶아서 덜어낸 뒤 불린 묵과 섞어서 달콤 짭조름한 맛간장 양념으로 버무린다.

〔**연근조림**〕 연근을 썰어 조청, 맛간장, 물을 넣고 조리면 완성되는 반찬. 어른도 먹을 수 있어 한 번에 넉넉하게 만든다.

〔**연근샐러드**〕 끓는 물에 소금 넣고 살짝 데친 연근을 깨소스에 버무리면 땡!

〔**게살콩나물무침**〕 데친 콩나물을 볼에 넣고 게살 쭉쭉 찢어 넣은 뒤 참기름, 소금, 깨로 마무리. 아이들이 클수록 식초나 연겨자를 더해 가며 새로운 맛을 알게 해 준다.

〔**시금치나물**〕 겨울이면 밥상 위의 단골 메뉴. 데쳐서 물기 빼고 양조간장, 참기름, 깨소금 넣고 조물조물 무친다.

〔**청포묵파프리카볶음**〕 새로운 식감을 선사할 수 있어 묵 요리를 자주 하는 편이다. 팬에 기름을 두른 뒤 다진 쇠고기와 맛간장을 넣고 볶다가 파프리카, 청포묵을 넣고 조금 더 볶는다. 참기름과 깨소금으로 마무리한다.

〔**건새우볶음**〕 마른 팬에 건새우를 볶다가 깨를 뿌려 마무리! 바삭바삭한 식감 덕분에 과자만큼이나 아이들에게 환영 받는 반찬이다.

〔**애호박멸치조림**〕 멸치는 쌀뜨물에 30분 정도 담가서 짠맛을 뺀다. 이런 상태의 멸치를 한꺼번에 많이 준비했다가 물기를 쪽 빼고 소분해서 냉동실에 보관한다. 필요할 때마다 한 봉지씩 꺼내 조림을 만들 때 쓰면 간편하니까!

두 개의 밥 공기

a. 영등포 타임스퀘어 내
〔MY BUTTER〕 소품 숍 제품

'밥심'이라는 말을 믿는다.
그것도 따끈하게
갓 지은 밥이 주는
이상한 힘이 있는 거다.
이 작은 공기에는 밥만
들어 있는 게 아니어서다.
밥 지은 사람의 마음,
끓고 뜸 들었던 시간,
밥이 되어 가는 동안의 좋은 공기,
그런 것들이 녹아들었을 거니까.
그래서 나는
밥은 숨이 있는 음식이라고
느낄 때가 많다.
엄마 밥으로 내가 자랐듯,
내 밥으로 두 아이가 자란다.
성스러운 일이다.
그래서 매 끼니,
두 개의 작은 공기에다
밥을 퍼 올릴 때마다
가슴이 뜨거워진다.
나는 엄마야, 하면서.
엄마는 사람을 살리는 사람이야,
혼잣말을 하면서.

두 장의 매트

아이들이 스스로 숟가락질을 시작하고,
자기 손으로 밥을 먹을 수
있게 되었을 때부터 나는
매트가 있는 밥상을 차려 주었다.
애들이 뭘 알겠나.
하지만 엄마의 밥상,
그 기억이 단아했으면 싶어서였다.
이다음 어른이 되었을 때,
엄마의 밥상을 기억하는 시간이
단정하고 정성스러웠으면 해서.
그래서 찬은 별로 없어도
언제나 정갈한 그릇에
보기 좋게 다정다정, 음식을 담았다.
숟가락과 포크의 위치를 맞추고,
물 한 잔도 늘 곁들였다.
식사하는 시간이면
음악이 곁들여지게 했고,
잘 먹겠습니다!
잘 먹었습니다!
교감하는 시간을 꼭 가졌다.
그러면서 또 생각했다.
나는 엄마야.
애들에게 좋은 것만 주고 싶은 엄마!

b. 아날로그라이프, 코쿤 플레이스 매트

애들 음식 만들 때 기어코, 꼭 필요한 이것저것 밑 재료들

a. wmf, 미니 파스타 냄비(18cm)

노련한 엄마가 되려면 요령에도 강해야 한다. 나는 요령 피우기의 달인! 애들 먹일 음식을 만들 때 조금 수월해지기 위해 갖은 밑 재료들을 도서관인 듯 질서 있게 구비해 놓는다. 양념과 육수, 다양한 맛의 소스 같은 것들은 한 번에 넉넉하게 만들어 냉동실에 쟁여 두거나 냉장실에 얌전히 살게 하면 끼니 음식 만드는 과정이 한결 수월해진다. 어떤 것들이 그럴까? 몇 가지 아이템을 소개한다.

매일의 국, 매일의 반찬을 위한
해물 육수 그리고 저염 맛간장

해물 육수

무, 대파, 양파, 다시마, 파뿌리, 멸치, 황태 머리, 건새우, 마늘, 생강을 넣고 우려낸 육수. 재료가 그때그때 조금씩 달라져도 상관없다. 건어물과 향신채가 서로서로 힘을 주면서 맛의 조합을 만들어 내니까. 갖은 재료 중에서 다시마는 육수가 끓기 시작할 때 건져 내고, 불을 약하게 줄여 20분간 뭉근하게 끓인다. 불을 끈 이후 건더기를 건져 내지 않은 채 2~3시간 정도 방치하면 맛이 더 깊어진다.

저염 맛간장

1 먼저 해물 육수를 만든다. 육수 우리는 데 쓰였던 재료는 거르지 않고 같이 끓인다.
2 육수 500ml에 양조간장을 100ml 분량으로 넣고 양파와 청주, 배즙을 더해 부르르 끓어오르면 불을 약하게 줄이고 30분 정도 더 끓인다.
3 불을 끈 뒤에도 양파는 건져 내지 않고 식을 때까지 그대로 둔다.
4 한소끔 식힌 맛간장은 체에 거르고, 용기에 담아 냉장고에 보관한다. 이렇게 만든 저염 맛간장은 2주 정도 냉장 보관이 가능하다.

국수 삶아 먹이자!
애들 입맛 확 돋우는 닭가슴살간장비빔국수

a. 영등포 타임스퀘어 내, (MY BUTTER) 소품 숍 제품

b. 코코로박스(www.cocorobox.com) 제품

떡 본 김에 제사 지낸다고 했던가. 저염 맛간장을 만든 김에 우려낸 해물 육수에 맛간장 솔솔 섞어서 까꿍이들 먹일 후룩, 후루룩 국수를 만들어 주었다.

국수 요리에는 국수가 메인. 그래서 나는 국수를 고르는 일에 매우 깐깐하게 임한다. 이유기 때는 유기농 쌀국수 위주로, 유아식을 시작한 뒤에는 건강을 생각하여 만든 고급 국수로 요리를 했다.

꼬들꼬들하게 삶아 낸 국수는 찬물에 헹궈 물기를 빼고 맛간장을 넣어 버무린다. 삶은 닭가슴살과 얇게 채 썬 오이를 올린 뒤 통통이 참깨를 뿌리면 끝!

아이들이 마늘을 좋아하게 만든 일등 공신!
마늘메추리알맛간장조림

1 마늘은 편으로 도톰하게 썬다. 팬에 오일을 넉넉히 두르고 타지 않도록 중불에서 노릇하게 볶는다.
2 매운맛이 날아가고, 달큰하게 볶아진 마늘은 체에 밭쳐 기름을 빼놓는다.
3 물 100㎖ + 저염 맛간장 2작은술 + 조청 2작은술을 섞어 팬에 담는다.
4 삶아서 껍질을 깐 메추리알을 넣고 조리다가 국물이 자작해졌을 때, 볶아 놓은 마늘을 넣고 한소끔 더 조린다.

맛간장의 또 다른 활약!
다시마무조림

1 다시마는 깨끗한 마른 면보로 닦은 뒤 5×5cm 크기로 잘라서 8장 정도를 준비한다. 무도 콩 한 알 크기로 잘라 다시마와 함께 찬물에서부터 끓인다. 끓기 시작하면 다시마는 건져 낸다.
2 무는 국물이 자작하게 졸아들 때까지 약한 불에서 뭉근하게 조린다.
3 건져낸 다시마는 곱게 썰어 무와 함께 한소끔 더 끓이면서 맛간장으로 슬쩍 간한다.

메추리알 대신 달걀로! 밥상의 감초, 달걀맛간장조림

요령 피우는 엄마,
그냥 달걀을 삶아 밀폐 유리병에!

맛간장에 물을 섞어 끓여 식힌 후
부어 주고 손을 텁니다.

그리고 달걀맛간장조림에 비벼 낸 아보카도달걀밥

a. 하프하프(www.halfhalf.co.kr) 제품

달걀맛간장조림을 만들어 두면 반찬 없는 날, 아주 유용하게 활용할 수 있다. 그 대표적인 예! 아이들이 엄청 잘 먹는 건강식, 아보카도 달걀밥이다. 달걀조림 간장을 넣고 밥을 비빈 뒤 달걀 반쪽을 올리고, 잘 익은 아보카도를 얇게 썰어 곁들인다. 김가루도 솔솔. 이것들을 섞어 먹으면? 기가 막히다.

고추장 맛 부럽지 않은
맛간장제육볶음

1 돼지는 불고기감으로 준비해 아이들 입에 쏙 들어가기 좋은 크기로 깍둑썰기를 한다.
2 양파와 파프리카도 비슷한 크기로 썰어 놓는다.
3 기름 두른 팬에 양파를 먼저 볶으면서 향을 내고, 그다음 고기를 넣고 볶는다. 고기가 어느 정도 익으면 파프리카를 넣고 마저 익힌다. 저염 맛간장으로 간한다.

제육볶음이라고 하면 대개 고추장에 버무린 돼지고기를 떠올리기 십상이지만, 간장으로 요리한 돼지고기도 아주 으뜸 맛을 낸다. 특히 엄마의 정성을 더해 완성한 맛간장으로 간을 한 제육볶음은 꼬꼬마들의 입맛을 사로잡는 데 더할 나위 없다.
나는 여기서 파프리카를 더해 만들었지만, 집에 있는 어떤 채소든 한입 크기로 깍둑썰기 하여 볶으면 반찬으로도, 밥에 얹어 먹는 덮밥으로도 손색없다.

똑같은 방법으로 닭살을 볶아도 맛있고요.
쇠고기를 볶아 주어도 엄청 잘 먹어요.
방법은 똑같은데 요리 이름이 달라지니까
엄마는 뿌듯하고, 애들은 기분 좋은
명품 요리들이 탄생하게 되는 겁니다.

콩, 까던 날

초여름을 닮은 완두콩. 푸릇푸릇 들판 같은 멋이 나는 콩 자루가 집으로 날아왔다. 보기만 해도 건강해지는 기분이 들었다. 이 콩을 전부 까서 한 통씩 소분해 냉동실에 쟁여야 한다. 언제 다 하나, 하고 있는데 엄마 닮아 살림 좋아하는 은채가 쫑쫑쫑 걸어와서는 기쁘게 말했다.
"엄마, 콩 까도 돼요?"
짝꿍 은호도 거든다.
"은호, 콩 깔 수 있는데!"
그럼, 그럼. 되고말고.
엄마야 고맙지.
하여 우리 셋은 그날,
작정하고 콩 까기에 돌입!
애들 크니까 은근 힘이 된다.

애들이 까면 두뇌 계발이 되고요.

어른이 까면 치매 예방이 되고요.

깠으니까 먹자,

완두콩파스타

1 길이가 짧아 아이들이 좋아하면서 잘 먹는 꼬불꼬불 푸실리. 팔팔 끓는 물에 소금을 약간 넣고 삶는다.
2 자숙새우는 찬물에 헹궈서 물기를 뺀다.
3 오일을 두른 팬에 얇게 편으로 썬 마늘을 넣고 볶는다.
4 ③에 삶아 놓은 푸실리와 완두콩을 넣고 뒤적이다가 마지막에 새우를 넣고 면 삶은 물을 조금 붓는다. 간도 맞고 촉촉한 파스타 완성.

a, b. 화소반(www.hsoban.co.kr) 제품

아이에게 먹일 음식의 절반은 정성이라고 생각했다. 그래서 보이는 재료는 물론, 보이지 않게 맛을 내는 양념 하나하나에도 공을 들이고 집중했다.

맛이 다른 간장을 만들고, 종류가 다른 육수를 내어 냉동실에 차곡차곡 보관하고 천연의 재료들을 섞어 만든 가루를 준비했다.

그리고 또 하나, 배즙. 콜록콜록 기침을 하거나 목이 아프다고 칭얼거릴 때면 울 엄마가 어디선가 날쌔게 가져다 내 입에 넣어 주었던 마법의 시럽.

나도 엄마처럼 배 시럽 떨어지는 날 없게 툭하면 만들어 냉장실에 가득 채워 둔다.

그러면 마음 부자가 된 것 같아서.

밥상머리에서 엄마 공부 넷.

이유식과 유아식 잘 먹이기

단맛 내는 반찬에 조청 대신,
감기 기운 있을 때는 따뜻한 차로!
천군만마 배시럽

1 배는 곱게 갈아 체에 거른 뒤 말간 즙만 사용한다.
2 바닥이 두꺼운 냄비에 배즙을 넣고 중불 정도에서 끓인다. 끓어오르기 시작하면 곧바로 약한 불로 줄여서 뭉근하게 졸인다. 배즙은 되도록 약한 불로 서서히 졸여야 한다. 불이 세면 단숨에 졸아 들어 사라지기 십상.
3 말갛던 배즙이 황금색으로 변하면서 걸쭉해지면 불을 끈다.
4 뜨거운 기운이 가실 때까지 기다렸다가 용기에 담아 냉장 보관한다. 단맛이 필요한 각종 음식에 넣으면 좋고, 콜록거리는 아이들의 초기 감기에 따뜻한 물에 희석해 마시게 하면 도움이 된다.

배즙 내리고 남은 건더기로!
아이들이 맛있어요, 하면서 먹는
배무조림

깍두기 모양으로 잘게 썬 무에 배즙을 내리고 남은 건더기를 넣는다. 이것을 냄비에 담은 뒤 물을 조금 붓고, 뚜껑을 덮어 약한 불에서 뭉근하게 조리면 살캉살캉 달달한 배무조림 완성! 역시 감기 기운 있는 아이에게도 좋다.

떨어지면 불안해요!
냉동실의 비상식량, 불고기

나 어릴 때는 불고기가 특별한 날의 메뉴였다. 그러니까 잔칫상 단골손님이었다는 뜻이다. 불고기 만들고, 잡채 올리고, 미역국도! 이를 테면 생일상에는 절대로 빠지지 않았고, 엄마 아빠와 외식을 할 때도 불고기를 먹는 일이 잦았다. 하지만 요즘이야 뭐! 좋은 음식, 맛난 음식들이 워낙 많다 보니 불고기가 좀 시시해졌다.

그럼에도 불구하고 우리 집 냉동실에는 불고기가 떨어지는 일이 없다. 아이 둘을 한꺼번에 키우는 엄마의 든든한 비상식량 같은 것? 그런 정도로 생각해도 좋겠다. 넉넉하게 만들어 작은 용기에 소분해 두었다가 필요한 순간에 수시로 꺼내 쓴다.

필요한 순간? 불고기덮밥, 불고기샌드위치, 불고기볶음밥, 각종 전골, 잡채와 나물, 볶음 요리에도 넣고 식당에서 먹는 보글보글 뚝배기불고기도! 특히 아이들 먹일 요량이라면 더더욱 복잡한 양념도 필요 없다.

간단명료하게 완성해서 두둑하게 저장하는 불고기 좀 만들어 보겠다.

1 배는 껍질을 벗긴 뒤 적당한 크기로 썰어서 강판에 갈아 맑은 즙을 받는다. 나는 간장 양념을 하기 전에 배즙을 고기에 부어 한 시간쯤? 냉장고에서 숙성시킨다. 왜냐하면 고기의 질감과 감칠맛이 훨씬 좋아지니까.

2 고기에 저염 맛간장과 잘게 썬 파와 양파, 마늘과 참깨를 넣고 조물조물 버무려서 양념한다. 간은 내 가족 입맛에 맞게 더 넣거나, 덜 넣거나!

3 가장 중요한 소분! 한 번 먹을 분량씩 냉동 보관한다. 아이용과 어른용으로 따로 저장해 두면 요리하기가 훨씬 편해진다.

쌓아 올려서 얼릴 수 있는 납작 용기에 불고기를 소분하고.

냉동실에 살다가 나오면 이런 형국이 된다.

한 덩어리 딱 꺼내서 1인분 뚝배기에 담으면 맞춤으로 쏙.

a. 타파웨어 빈티지 제품이라 단종. 비슷한 제품으로 실리쿡, 햄버거 프레스가 있다. (www.silicook.co.kr)

물이나 해물 육수 혹은 쇠고기 육수, 뭐든 있는 것을 붓고!

살짝 불린 당면과 송송 썬 대파를 넣어 끓이기 시작.

애, 어른 할 것 없이 누구나 좋아하는 뚝배기불고기가 된다.

위엄 있다, 토마토소스

1 탱글탱글한 토마토를 준비해서 깨끗하게 씻은 뒤 십자로 칼집을 낸다.
2 팔팔 끓는 물에 토마토를 넣고 눈 깜빡했다가 꺼낸다. 살짝 데치는 과정이다.
3 데친 토마토는 껍질이 쏙, 쉽게 벗겨진다. 껍질을 벗긴 뒤 자잘하게 썰어 놓는다. 나는 깍두기 모양으로 툭툭 썬다.
4 바닥이 두꺼운 냄비에 토마토를 넣고 약한 불에서 뭉근하게 끓인다. 바닥이 타지 않도록 저어 가며 끓이다가 걸쭉해지면 불에서 내린다.

제철을 놓치지 않고 잔뜩 만들어 두는 것이 토마토소스다. 시판 중인 소스는 종류가 다양하지만 모두 어느 정도의 첨가물이 들어 있기 때문에 이것만큼은 직접 만들어 쟁여 둔다. 물이나 향신료조차 넣지 않고 오직 토마토만으로 만든 소스는 끓여 식혔다가 스탠드형 지퍼 백에 소분해서 냉동 보관한다. 이렇게 하면 파스타류의 음식을 만들 때 요긴하게 쓸 수 있다.

고기와 갖은 채소를 다져서 현미유에 달달 볶은 뒤 토마토소스 한 봉지를 퐁당 넣으면 나도 모르게 한 숟가락 떠먹게 되는 토마토미트소스 완성. 파스타 면에 얹어서 비벼 먹어도 좋고, 밥에도 듬뿍 올리고, 유아용 치즈를 고루 뿌려서 오븐에 살짝 구우면 그라탱이 되고! 볶음밥을 만들 때도 조금 떠 넣어 맛을 내면 오므라이스? 그런 비슷한 맛을 낼 수 있다. 꼭 만들어서 보물인 듯 활용해 보시길.

김치 맛 아직 모를 때, 김치 맛 알고 나서도
아삭 비타민 샐러드피클

1 오이, 파프리카, 방울토마토 등 냉장고 속의 채소들을 싹쓸이로 모두 꺼낸다. 혹은 아이들에게 먹이고 싶은, 건강한 유기농 채소들을 일부러 구입해 만들면 더욱 좋다. 준비한 채소는 자잘하게 깍둑썰기 한 뒤 커다란 볼에 담는다.
2 별다른 재료도 없다. 발사믹 식초와 아가베 시럽을 적당량 넣고 버물버물! 마무리에 바질 가루를 조금 넣으면 완성이다.

냉장고에 자투리 채소들이 데굴데굴 굴러다닐 때가 피클 만들 때다. 매일 한다고 하지만 그래도 늘 그 밥에 그 나물이기 쉬운 것이 집 밥. 그래서 지인의 집에 놀러 가거나 큰맘 먹고 시도한 외식에서 아이들이 잘 먹는 음식을 새롭게 발견하면 좋으면서도 왠지 분한(?) 마음이 들었던 것 같다. 밥에 인생을 거는 엄마들은 내 마음, 알지 않을까?
레스토랑에 갔는데 곁들여 나온 피클을 조금 떼어서 입에 넣어 주었더니 어라! 두 녀석 모두 야금야금 잘 먹는다. 그~으래? 그렇겠다 이거지? 좋았어! 그럼 엄마가 이번에는 피클의 진수를 보여 주겠어. 다짐하기 무섭게 담근 피클이다. 온갖 채소들을 먹일 수 있다는 기쁨도 있고, 이탈리아 국수 즐기는 아이들에게 더없이 훌륭한 반찬이 되어 준다.

"수프 한 냄비 끓이고, 빵도 한 쪽.
이럴 때 피클을 함께 내면 간식으로 준비했던
음식이 식사로 둔갑하는 행운(?)을
경험할 수 있게 됩니다. 하하하!"

서양식 순두부라 명한다!

1 바닥이 두꺼우면서도 잘 눌어붙지 않는 영민한 솥단지에 우유 1000㎖와 생크림 500㎖를 넣고 잘 섞는다. 생크림을 우유와 1:1 비율로 넣으면 더 고소하고 진한 맛을 즐길 수 있다.

3 ①을 중간 세기의 불에 올리고 끓어 넘치지 않도록 주의하며 끓이기 시작한다. 솥의 가장자리가 보글보글 할 때(팔팔 끓지 않도록 주의!) 불을 약하게 줄이고, 준비한 레몬즙을 골고루 천천히 넣는다. 나무주걱으로 두세 번만 젓고(여러 번 저으면 단백질 응고가 잘 안 된다는 사실!) 불을 약하게 유지하면서 40분 정도 두었다가 불을 끈다.

아이 입맛 홀리는 리코타 치즈

2 레몬즙 6큰술, 또는 레몬 1개를 힘껏 짜낸 분량의 즙과 소금 1큰술을 잘 섞는다.

4 면보와 채반을 준비한다. 아이들의 이유식이나 유아식을 준비할 때는 위생에 조금 더 신경 써야 하니까 면보도 가능하면 깨끗한 것으로! 나는 잘라 쓸 수 있는 제품을 선택해 조금 더 안심하고 사용한다. 채반 위에 면보를 깐다.

5 냄비를 들어 면보 위에 천천히 붓는다. 거르고 굳히는 과정을 시작하는 거다.

6 면보를 덮어 묶어 준다. 이제 기다릴 차례다. 걸러지는 시간에 따라 치즈의 질감이 부드럽거나 혹은 단단할 수 있는데, 우리 집 스타일은 미디엄 웰던! 이런 질감을 내기 위해서 2시간 정도를 둔다. 꼭 묶은 면보 위에 깨끗한 돌 하나를 올려 지그시 눌러 주면 좋다.

7 치즈는 따뜻한 순두부다, 생각하고 즉석에서 먹어도 무방하지만, 좀 더 단단한 질감을 위해서는 면보에 싼 그대로 냉장실에 12시간쯤 넣어 둔다. 사실 치즈의 보관 기간은 냉장실에서 4일 정도로 매우 짧기 때문에 너무 많은 양을 만들지 않도록 한다.

리코타 치즈가 완성되면 반 정도는 덩어리 상태로 보관하고, 나머지 반은 큐브 모양으로 썰어서 밀폐 용기에 담는다. 올리브 오일을 콸콸 붓고, 바질가루도 솔솔 뿌려 절이는 거다. 이렇게 하면 한 달 정도는 거뜬하게 냉장고에 보관하며 먹을 수 있다. 올리브 오일은 냉장 보관하면 응고되는데, 성분이 변질되는 것이 아니므로 걱정할 필요가 없다. 실온에 잠시 꺼내 두면 다시 원 상태로 착하게 돌아간다. 이렇게 보관했다가 치즈만 쏙쏙 건져 먹고, 남은 올리브 오일은 평소처럼 음식을 할 때 사용한다.

울 엄마는 달걀을 삶고 나면
나일론 실로 뚝뚝 자르곤 하셨다.
우와! 단면이 어찌나 깔끔하게 잘렸는지
무척 신기했던 기억이 있다.
리코타 치즈를 만들 때 그 생각이 났다.
엄마 생각.
실로 달걀을 썰던 엄마가 꼭 마법사 같다 싶었던
옛날 옛적의 내 생각.
엄마랑 내가 도란도란했던 때의 생각들.
엄마처럼 해 보기로 했다.
애들 앞에서 해 보기로.
그럼 우리 애들도 이다음에 나를
마법사 엄마로 기억해 줄 수 있지 않을까.
사실 리코타 치즈는 칼로 썰었다가는
칼에 치즈가 덕지덕지 달라붙어서 우아하지 않다.
질기고 매끈한 나일론 실을 길게 잘라서
양끝을 잡고 지그시 눌러 주면 말끔하게 똑 떨어진다.
아이 둘을 모두 방청객으로 모셔 놓고 시연을 했다.
은호랑 은채가 말했다.

"우와! 엄마 최고! 최고!"

툭하면 해 줘도 계속 잘 먹는
바삭 닭봉양념구이

1 닭봉은 깨끗하게 씻은 뒤 잡내 제거를 위해 우유에 20분간 재웠다가 흐르는 물에 헹궈 물기를 뺀다. 여기에 바질, 로즈메리, 소금과 통후추 간 것을 넣고 버무려 냉장실에서 하루 정도 숙성시킨다.

2 양념해서 숙성시킨 닭봉은 박력분을 넣고 버무려 코팅해서 오븐에 구우면 겉이 한결 더 바삭바삭해진다.

3 이제 가자, 오븐으로 들어가자. 까꿍이들아, 지금부터 20분만 기다려!

나를 알면 닭봉을 안다. 수년간, 블로그나 인스타그램을 통해서 찹찹찹, 먹는 모습을 선보인 음식 중에서 가장 많이 등장했던 메뉴라서 그렇다. 닭으로 특허 출원이라도 한 듯, 이것은 내 것이여 외치면서 툭하면 만들어 먹는 음식이라서 그렇다. 하여간, 뭐에 한번 빠지면 질기게도 오래 지속하는 버릇이 있다.

애들 있기 전부터 즐겨 먹던 닭봉 혹은 닭날개구이. 애들 엄마가 되고 나서도 변함없이 만든다. 애들이 무지 잘 먹어서다. 툭하면 만들어 주는데 한 번도 싫다, 질린다, 하는 법 없이 접시를 싹 비운다. 우리 애들도 나 닮아서 질긴 데가 있는 것 같다.

닭봉 대신 닭날개를 써도 맛있고, 맛간장에 꿀을 더해 달콤하고 짭짤하게 간을 해도 좋다.

먹고 남겠다, 싶을 때는 박력분까지 묻힌 닭을 소분해서 냉동실에 보관했다가 오븐에 바로 굽자.

놀러 갈 때 도시락 밥

: 고생한 보람 천 배로 돌려주는
 휴대 메뉴입니다!

"이것 좀 보세요.
우리 애들 닭봉양념구이
엄청 잘 먹지요?"

계절 가리지 않고 소풍 준비를 합니다. 사실 조금 번거롭기는 합니다.

아가야 때부터 지금까지
밖에 나가면 내 새끼들이 잘 놀고 잘 먹으니까,
계속 집 나설 궁리를 하게 됩니다.

까꿍이들이 만난
생애 최초의 소풍 도시락
처음 김밥

이런 김밥!

애들 엄마 되고, 이제는 정신을 차리자 다짐을 해 봐도 새로운 도구를 만나면 어느새 영혼이 몸 밖으로 빠져나간다. 게다가 아이들 음식을 할 때 딱 좋은 도구라면야! 주저할 이유가 없는 거다. 그래서 사 들인 꼬마김밥 틀. 애들한테는 꼬마김밥이라 말해 주고, 어른들 먹을 때는 광장시장 마약김밥 혹은 일식 김밥이라고 큰소리치게 하는 아이템이다.

착한 김밥!

a. 다이소몰, 꼬마김밥 말기 달인

(daisomall.co.kr)

정말 착한 김밥이다. 밥은 참기름과 깨소금으로 간하고 재료는 딱 하나씩 넣어 한입 사이즈로 만들어 본다. 재료? 뭐든 좋다. 시금치나물만, 달걀지단만, 유아용 스트링 치즈만! 불고기만 넣어도 되고, 오이만 썰어 넣어도 상큼. 어른이 먹을 때는 매콤하게 고추장에 무친 오징어포만 넣어도 맛나다. 있는 반찬 해치우기에도 좋은 비장의 메뉴 되시겠다.

반찬 없이도, 차게 먹어도 맛난 건강 연잎밥

우선 밥을 짓는다. 멥쌀 대신 찹쌀로.
콩이나 팥 같은 잡곡을 더해 지을수록 맛있다.
보름날 먹는 오곡밥이다, 생각하고 지으면 그만이다.
밥이 완성되면 찜기에 면보를 깔고,
연잎을 넓게 펴서 그 위에 1인분 분량의 밥을 올린다.
조금 더 명품 밥으로 만들 요량이면
밤이나 대추, 은행, 잣 같은 몸에 좋은 것들을
밥 위에 고명처럼 얹으면 어깨가 으쓱해진다.
이렇게 올린 밥을 축 늘어진 연잎으로
포장하듯 꼭꼭 여미서 실로 단단히 묶는다.
그럼 그다음엔? 30분 정도 김을 올려 찐다. 끝!

연잎밥은 가을바람 도는 9월에서 10월,
손이 비는 날이면 만들어 놓곤 했던 메뉴다.
제철 유기농 연잎을 구입해서 넉넉히 만들어 놓았었다.
그것을 냉동실에 보관했다가 소풍 갈 때, 캠핑 갈 때,
다시 한 번 찜기에 넣고 살짝 쪄서 식구 수대로 챙긴다.
어른은 물론, 애들도 잘 먹는다.
애들은 피클, 어른은 장아찌.
그저 한두 가지 반찬으로도 충분한 식사로 추천!
양념장을 솔솔 부어 비벼 먹어도 일품이다.
한 번에 몰아서 번거로운 일을 해 놓으면 확실히 좀 든든하다.
그!러!나! 요즘 나는 이 연잎밥,
만들지 않고 시판 제품으로 대체하고 있다.
엄마가 만든 척을 하면서 먹인다!

a. 리메디쉬, 펄라이프 천연 대나무 찜기(www.remedish.com)

식빵보다 모닝빵!
한 번에 두 가지, 모닝빵샌드위치

도시락 늘어놓고 음식들을 가지런히 담는다.
뭔가 굉장히 푸짐해 보이지만,
사실은 두 가지 메뉴다.
닭봉양념구이와 모닝빵샌드위치.
아이들에게는 식빵보다 모닝빵이 크기도, 맛도, 식감도
훨씬 좋은 것 같았다.
그래서 소풍 나갈 때면 자주 만들었다.
빵 안쪽에 넣을 샐러드는 감자를 베이스로
채소와 햄을 넣어 만든 것이 하나,
또 하나는 삶은 달걀을 으깨어 버무린 것 하나.
맛은 거의 비슷하지만,
왠지 두 가지 종류로 푸짐하게 준비했다는
착각이 들게 해서 마음에 든다.
가족끼리 오순도순 휘릭 다녀오는 간단 소풍이라면
샌드위치와 닭구이 정도로 수수하게 담아 들고
나가는 것도 괜찮은 방법이다.

먼저 감자를 쪄서 껍질을 벗기고, 따뜻할 때 으깬다. 다진 오이, 다진 햄을 준비하고, 다진 양파는 물에 담갔다 건져 놓는다. 큰 볼에 재료를 모두 넣고 마요네즈로 버무린다. 모닝빵이 미어져라, 푸짐하게 채운다.

이번에는 삶은 달걀 샌드위치. 익힌 달걀을 뜨거울 때 으깨서 마요네즈에 버무린다. 역시 모닝빵 사이에 넉넉하게 채우면 완성. 두 가지 타입의 샌드위치는 재료를 한데 섞어서 만들어도 되지만 가짓수를 늘리기 위한 비책으로 따로 만들면 좋고, 특히 달걀 넣은 빵은 우리 아이들이 매우 좋아해서 꼭 따로 준비한다.

오늘은 남편을 초대하는 날

: 애들한테 사랑을 몽땅 빼앗긴 내 남자,
다독이는 날도 필요하니까요!

너무했네, 너무했어!   **반찬 없는 일품 밥으로 때우기 일쑤!**

"같이 키우자, 우리 애들."
어느 날, 남편이 멀쩡하게 다니던 직장에 사표를 던지고 집으로 돌아왔다. 자신이 꿈꾸는 아빠의 모습이 있다고 했다. 나는 물개박수를 치고, 등을 두드려 주었다. '돈, 안 벌어다 주면 어떡하지? 밥은 먹여 주려나?' 싶은 걱정이 없는 것도 아니었지만 그때 나에게는 '밥'보다 '그 사람'이 필요했다.
내 아이를 나보다 더 사랑해 줄 사람. 남편 말고 또 누가 있을까. 그날부터 우리 집 남자, 낮에는 엄마 노릇을 하고 애들 잠든 밤에는 혼자 작업실에 파묻혀 일을 하고 돈을 벌었다. 좀 안쓰러울 때가 많았지만 모른 척했다. 괜히 알아주는 척을 했다가는 모든 것이 다시 수포로 돌아갈까 무서워서! 우리는 서로 그렇게 내 코가 석 자다, 우기고 지냈었다.

오직 한 남자만 입장 가능한 집 식당, 남편 초대상

"당신 덕에 진짜 잘 큰다, 우리 애들."
사실 애들 크는 동안은 우리에게도 성장기다. 애들 이유식 먹을 때 우리도 이유식을 먹었지, 싶다. 어김없이 오는 매일매일, 애 밥과 어른 밥을 엄격하게 구분하기가 어려웠으니까. 미안할 때가 많았다.
그래서 마음속으로 정했다. 어떤 날 가끔은, 애들한테 얹혀서 먹는 밥 말고, 오직 내 남자를 위한 밥상을 차려 보자고. 우리 둘이 다정다정할 수 있는 정성 밥상 같은 것. 남편 초대상. 이렇게 이름 붙이기로 했다. 그런 날은 고기도 굽고, 와인도 따고, 코스 요리도 마다 않았고 무엇보다 말해 주었다. 진짜 '고맙다'는 말. 그 밥상 물리고 나면, 그 힘으로 또 한 달쯤은 거뜬하게 우리는 서로 육아 동지가 될 수 있었다.

사랑과 건강을 그대에게!
미안할 때 바치는 해독 주스

아이들과의 레슬링은 기본. 먹이고, 재우고, 입히고, 인생 교육까지! 모든 일에 전력을 쏟는 남편. 무거운 몸을 이끌고 다니는 모습이 문득 안쓰러울 때, 아침의 해독 주스를 준비한다. 물론 나도 마신다.

말만 남편 초대 메뉴일 뿐, 온 가족 건강 레시피다. 주로 어른 먹을 맛으로 만들지만, 엄마 아빠 주스병을 빼앗으려고 달려드는 아이들과 나눠 먹을 때는 사과나 바나나 같은 재료를 더해 함께 갈아 주곤 한다.

1 재료는 손질해서 깨끗이 씻는다. 특히 브로콜리와 양배추는 잘게 뜯어서 식초 물에 담가 세척한다.
2 당근과 양배추, 브로콜리는 썰어서 냄비에 넣는다. 토마토는 꼭지를 도려내고 십자로 칼집을 내어 통째로 넣는다. 재료가 자작하게 잠길 정도로 물을 부어 끓인다. 끓이다가 토마토 껍질이 분리되면 살살 벗겨낸다.
3 제일 단단한 당근을 꾹 눌러봤을 때 으깨지면 불을 끈다.
4 한소끔 식힌 후 블렌더에 곱게 간다.
5 미리 열탕 소독을 마친 유리병을 준비한다.
6 한 번 먹을 분량씩 소분해 냉장고에 넣는다.

a. 경진기업, MF500(www.kjpt.co.kr)

"해독 주스의 기본 재료는 양배추와 토마토, 당근, 브로콜리입니다."

영화처럼 살아 보기
걸쭉한 음식, 양배추롤

어느 해, 봄빛 쏟아지는 주말 오후. 아직 아이 둘이 없던 날. 꼭 챙겨 봐야지 했던 영화, [하와이언 레시피(호노카아 보이)]를 보고 나서 유독 인상 깊었던 영화 속 음식을 만들어 봤다. 그때 우리, 맥주 건배를 하면서 다정했던 기억이 있다. 잘 먹어 주었던 남편의 얼굴도 떠오르고. 그래서 가끔, 옛 생각하듯 이 음식을 만들어 먹인다. 아주 가끔. 단, 영화의 장면을 떠올리며 레시피는 그때그때 내 마음대로 정하기 때문에 맛은 조금씩 다르다. 나, 참!

1 돼지고기, 당근, 양파, 대파, 마늘, 두부는 다지고, 찬밥도 한 덩이 넣는다.

2 잘 섞어 치대고 그라나파다노 치즈도 강판에 갈아 반 컵 정도 넣는다.

3 양배추는 끓는 물에 통째로 넣고 찢어지지 않도록 한 장씩 벗겨 낸다.

4 데쳐 낸 양배추의 두꺼운 심지 부분은 칼로 저며 내고, 양배추 잎 위에 재료를 가래떡 모양으로 얹고 돌돌 만다.

**벌써 다 된 것 같은 양배추롤.
그냥 쪄서 먹게 하고 말까?**

5 ④에 밀가루를 솔솔 뿌리고, 오일 두른 팬에 노릇하게 굽는다.

6 치킨 스톡으로 육수를 만든 뒤 구운 양배추말이가 잠길 정도로 부어 끓인다.

요렇게! 요 정도로!

7 재료가 속까지 익으면 생크림을 붓는다. 생크림 양은 기호에 맞춰서! 느끼한 것을 싫어한다면 우유를 베이스로 하고 생크림은 조금만 추가해도 괜찮다.

8 향을 더하는 월계수 잎 몇 장을 넣고, 통후추도 갈아 넣은 뒤 보글보글 한소끔 끓이면 완성.

고소한 크림소스에 풍덩 빠진 양배추롤. 소스에 빵을 찍어 먹어도 맛있고.

남은 속 재료는 냉동했다가 만두로, 완자로, 햄버그스테이크로도 활용!

겹겹이 측은지심을 담아!

맑은 음식, 밀푀유나베

남편을 위해 아주 큰 정성을 쏟고 싶은 마음이 들 때 가뭄에 콩 나듯 한 번씩 만든다. 갖은 재료들은 건져서 소스에 찍어 먹고, 국물은 훌훌 마시고, 밥을 넣어 볶아 먹거나 칼국수 면을 넣어 든든하게 마무리하는 명품 요리다.

시원 담백한 육수 내기

1 무, 양파, 대파, 배추, 다시마, 멸치, 황태 대가리와 맛술을 약간 넣고 팔팔 끓어오르기 시작하면 중불에서 30분간 뭉근하게 끓인다.
2 불을 끄고 그대로 식혀 체에 거른다.

〔소스 만들기〕 레몬청을 다진다. 레몬청이 없으면 레몬을 다져서 쓴다. 물과 쓰유는 1:1로 섞고, 청양고추와 다진 레몬을 넣어 섞는다. 아가베 시럽이나 올리고당을 조금 가미하면 감칠맛이 살아난다.

국물이, 끝내줘요!

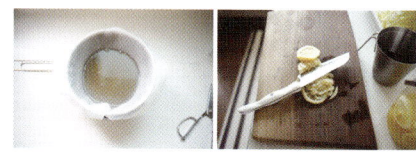

고기와 채소를 통으로 건져서 샤브샤브처럼 소스에 찍어 먹습니다.

속 재료 준비하기

1 전골냄비에 제일 먼저 청경채와 숙주를 넉넉하게 깐다.
2 배추 → 샤브샤브용 쇠고기 → 깻잎 순서로 켜켜이 쌓기를 6번 정도 반복한 뒤 3등분! 겹겹이 쌓은 재료를 각 재료의 단면이 보이게 냄비 가장자리에 빙 둘러 가며 세워서 담는다.
3 가운데는 버섯을 담고 육수를 자작하게 부은 뒤 상에 올려 끓여 가면서 먹는다.
4 육수는 처음부터 많이 넣지 말고 먹으면서 중간 중간 보충하는 것이 좋다.

가끔은 이런 날도 있도록,
굴튀김이 있는 음주 야식

1 굴은 체에 담아서 흐르는 물에 가볍게 살살 흔들어 씻은 뒤 물기를 뺀다.

2 튀김 그릇에 기름을 붓고 약하게 불을 올려 가열하기 시작한다.

3 튀김옷에 필요한 밀가루, 달걀, 바삭한 빵가루까지 튀김 3종 세트를 준비한다.

4 굴튀김은 속까지 익히지 않아도 되므로 아주 빠르게 튀겨서 기름을 뺀다.

5 양파와 오이피클은 송송 썬 뒤 마요네즈를 넣어 버무린다. 이렇게 하면 간단 튀김 소스로 딱!

6 할라피뇨까지 썰어 넣은 칼칼한 소스도 괜찮다. 굴튀김을 소스에 찍어 먹는다.

Cheers!

뜬눈으로 지새운 그 아침,
첫 생일상을 차리며

솥 밥을 지어 줄게, 했다.
세상에서 제일 맛있는 미역국.
엄마가 끓여 줄 거야, 했다.
놋그릇을 반질반질하게 씻어 엎으며
태어나 처음으로 차려 보는
내 새끼들의 첫 생일상에 감사했다.
수수팥떡을 담으며 탈 없이 자라다오, 했고,
소복한 나물을 올리며 기도했다.
너무 부족한 부모가 아니기를.
너무 욕심내는 부모가 되지 않기를.
지금 이 마음,
고스란히 먹여 가며
기어이 좋은 사람으로 키워 내기를.
저 잘난 줄만 알고 살았던 부끄러운 한 여자가
진심을 열어 겸손과 감사를 느낀 순간이었다.
'엄마'라는 이름 앞에서.

a. 더플랏74(www.theflat74.com) 제품. b. 골동품 가게에서 구입한 빈티지 반상

해마다 이렇게 소담한 생일상이 내 아이들 앞에 차려졌다.

현미밥, 된장국, 호박전에 생선조림, 가시 많은 전어도 꼭꼭 씹어 잘 먹고, 심지어 석화찜 한 접시 내놓았더니 어른보다 더 많이 살만 쏙쏙 뽑아서 먹어 준 아이들. 애들이 뭐든 그렇게 잘 먹을 때마다 나는 바보 엄마가 되어 넋을 놓고 요것들을 바라본다. 세상에, 이런 보물이 어디에 또 있을까. 전생에 내가 나라를 구했지. 어떻게 이토록 깜찍한 아이들이 하찮기 짝이 없는 나에게 점지되었을까! 두 눈에서 하트가 발사되는 내 모습을 곁눈질로 흘끔흘끔 보던 내 옆의 남자, 그러니까 애들 아빠도 나처럼 입가에 좋은 웃음을 주렁주렁 매달고서 괜히 한마디 던진다.
"그만 봐. 애들 뚫어진다."

데친 두릅. 아무 양념 없이도 호록, 호록 잘 먹는다. 간하지 않고 굽거나 찌거나 삶고 데쳐서 상에 올린 갖은 채소들도 냠냠 쩝쩝 먹으니 좋지 아니한가. 그래도 뭔가 조금 더 맛있는 양념을 얹어 먹이고 싶어서 데친 브로콜리에 소스를 살짝 얹어 봤다. 그런데 은호가 소스를 자꾸 흘리면서 먹기에 한마디 건넸다. "은호야, 접시를 바짝 대고 먹어. 소스 흐른다." 듣는 시늉도 안 한다. 한 번 더 말했다. "소스 흐르니까 접시를 가까이 대고 먹으면 좋은데."

"그럼 소스를 주지 말지요."
어머! 은호가 남편처럼 말했다. 상처받았다!

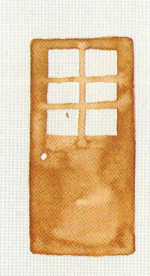

까꿍이들, 어야 가자

아이들과 함께 인생 체험하기

우리 지나온 날들

뒷모습

은호와 은채. 아이들의 이름을 새긴 가방 하나씩을 작은 어깨에 메어 주었다. 우리 넷, 오늘도 기간 한정 '가출'을 감행할 거니까.
두 아이를 입양하기로 결정한 뒤 남편과 나는 끊임없이 긴 대화를 나누었다. 어떤 아빠가 되고 싶다, 어떤 엄마가 되어 주겠다, 같은 다짐이었다. 그때 우리, 가장 공통적으로 합의된 생각이 책상 앞에서만 크는 아이로는 만들지 말자는 것이었다. 아직 어린데 뭘 알겠나, 아직 어린 아가를 둘이나 어떻게 데리고 다니냐, 하는 식의 핑계도 대지 않기로 마음먹었다.
놀아 주는 엄마 아빠보다 더 좋은 부모가 있을라고. 그러니 놀 수 있을 때, 보여 줄 수 있을 때, 함께 여행하며 즐길 수 있는 때를 놓쳐선 안 된다. 굳이 대단한 곳이 아니어도 괜찮다고 생각했다. 집 앞 놀이터도 좋고, 뒷산도 좋고, 친구네 집도 신이 날 거고, 먼 여행도 설레고, 땅바닥에서 하룻밤 자고 오는 캠핑은 더더욱!
물론, 집 떠나면 고생이라는 말이 어마어마한 현실 체험으로 돌아오곤 했지만 돌이켜 보니 잘한 일이고, 앞으로도 계속 그럴 생각이다. 지금부터 그 얘기를 할까 한다. 툭하면 가출, 애들과 집 나섰던 날들의 이야기를.

a. 도톰, 베이비 보냉 가방 (www.dotomm.com)

은호, 양은호입니다.

은채예요, 양은채.

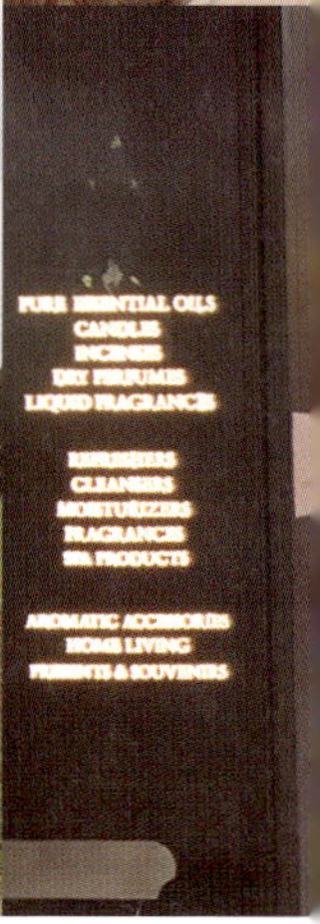

이것 보세요! 아장거릴 때부터 참, 있는 힘껏 데리고 다녔지요?

아이들을 데리고 가출하는 건 사실, 꼭 애들을 위한 일만은 아니다. 엄마의 자유 시간. 은근히 그런 게 생기기도 하니까. 풀밭에 두 아이를 풀어 놓고 만세를 불렀던 일이 얼마나 많았던지!

아이들과 함께 인생 체험하기

"걱정 마. 엄마 여기 있을게. 계속 여기서 보고 있을 거야. 알았지?"

바다에서도, 강가에서도, 나무 그늘 아래서도 엄마 눈에는 애들만 보인다.

살림이 아무리 좋아도 애들보다는 안 좋다.
애들이 아무리 나를 달달 볶아도 좋다.
아니다.
안 좋을 때도 있지만 금방 까먹는다.
인형 같은 두 아이가 방긋하는 걸 보면 금세 헤, 하고 웃게 되는 걸.
그러니 세상의 엄마는 전부 다 바보다.
바보 엄마한테는 거기가 부엌이거나 흙바닥이거나 설령 전쟁터라도
내 새끼들만 좋으면 다 좋은 것 같다.

크는 아이들 곁에서 엄마 공부 하나.

아이들과 함께 인생 체험하기

당일치기, 콧바람 쐬기

: 기저귀와 이유식 떼기 전
가출 사연들

아이들이 걷기 시작하면서, 아니 사실은 걷기 이전부터도 주말이면 반드시 집을 나섰다. 장소를 가리지 않고 일단 나갔다. 그래야 산다. 눈만 뜨면 놀자고 하는 아이들을 데리고 일주일 내내 집에만 있으면 집이 감옥 같아진다.
하다못해 친척집에라도 가거나, 그도 안 되면 아파트 노인정에라도 가서 까꿍까꿍 즐겁게 해 드리며 시간 보내다 와야 한다.
두 아이를 동시에 보살피며 돌아다니는 일이 힘들 때는 아이들 가방에 끈을 매달아 놓고, 쫄쫄 따라다녔다. 혹시나 하는 사태를 막기 위한 조치였다. 맞다! 이 끈 때문에 인스타 이웃들한테 혼이 나기도 했었지. 끈에 걸려서 애들이 넘어지기라도 하면 어떡하냐고. 참 우여곡절도 많았던 날들이다. 다행히 한 번도 넘어지지 않고 무사히 잘 다녔다
어쨌든 궁리는 이제 그만, 나서 볼까 말까 하는 망설임도 그만. 아직은 아가아가 하다고 미루지 말고, 일단 꼬까옷을 입히기로 한다. 그러면 어디든 무조건 가게 되니까. 가면 긴 하루를 금세 넘길 수 있으니까.

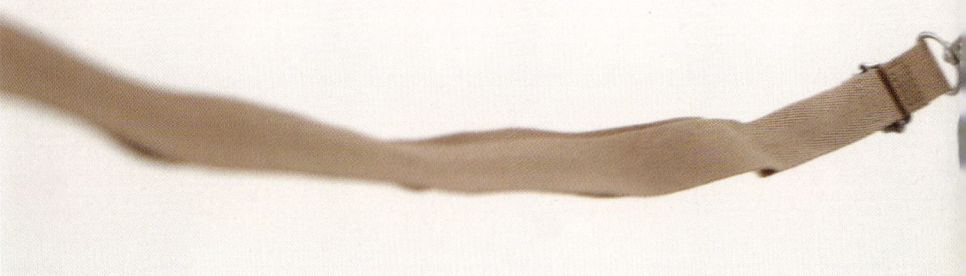

아이들과 함께 인생 체험하기

질문 1
기저귀와 이유식 떼기 전의 아가들을
그렇게 잘 데리고 다니는 비법이 뭐죠?

〔물불 안 가리고 놀아 본 나의 경험담〕

1 엄마들이 아가들과 함께 집을 나서지 못하는 가장 큰 이유는 위험하다는 생각 때문인 것 같다. 하지만 따지고 보면 집 안에도 위험 요소들이 가득하다. 하루 종일 그림자가 되어 줄 엄마 아빠가 있는데 무엇이 걱정일까, 하는 마음으로 과감하게 시도해야 한다. 일단 집을 나서면 고단하기는 해도 새로운 하루가 새로운 추억으로 온 가족의 기억 속에 남을 거니까.

2 아이들이 아직 기저귀와 이유식을 떼지 못했을 때라면 되도록 짧은 나들이 정도로 만족해야 한다. 몇 박 며칠의 여행 같은 건 자칫, 아이와 부모, 주변 이웃들에게 모두 민폐가 되기 십상이다. 게다가 작정하고 나섰다가 탈진하게 되면 두 번 다시, 애들과 함께 놀러 다닐 엄두를 못 내게 된다. 그러므로 까꿍이 시기에는 되도록 시시하게, 그것도 자주, 콧바람 쐬는 정도로만 집 나서는 방법을 추천한다.

3 나의 경우는 아침 먹고 한 번, 오후에 한 번, 하루에 두 번씩 자는 아이들의 사이클을 고려해 나들이 스케줄을 짰다. 낮잠 자는 시간을 자동차 이동 시간과 맞추는 것도 효과적인 방법. 차 안에서 실컷 자게 해야 어디에서든 떼를 쓰지 않고 기분 좋게 잘 논다.

4 날씨만 허락한다면 자연에다 풀어 놓는 것이 가장 좋은 방법이다. 그래야 실컷 목소리도 높이고, 뛰기도 하면서 제대로 놀 수 있다. 체력이 방전될 정도로 놀고 나면 아가들도 조금 피로감을 느끼는지 그 다음 날까지 아주 곤하게 잘 잔다.

5 되도록 가까운 곳, 규모가 작은 곳, 체험할 곳이 많은 장소 등을 추천한다. 예를 들어 집 근처의 차가 다니지 않는 공원은 아이 이유식과 어른 도시락을 펼쳐 놓고 무심히 즐기다 오기 좋은 곳이다. 또한 자연에서 펼쳐지는 마켓이나 주말농장도 강력 추천!

질문 2
띵굴마님의 잦은 가출, 특별한 이유가 있나요?

〔굳이 아이들을 이고지고 집 나서는 이유〕

1 가장 큰 이유는 움직이는 사람으로 키우고 싶어서였다. 부지런히 움직이면서 세상을 배우게 하고 싶었다. 어떤 틀 안에 머물러 있으면 그 순간은 아이도, 부모도 편안하겠지만 편안함 이상의 것은 절대로 얻을 수 없다고 믿는다. 대문 밖만 나서도 볼거리들이 널려 있으니 아이들에게 그 많은 것들을 바라보고 느끼고 맛보게 해 주고 싶었다.

2 자연을 알고, 자연과 친해지게 하고 싶다는 것도 한 가지 이유였다. 돌멩이도 좀 먹어 보고, 풀잎 뜯어 소꿉놀이도 해 보고, 징그러운 벌레들과도 인사하면서 자라게 하고 싶은 마음. 자연보다 더 좋은 공부가 세상에 또 어디 있을까, 한다. 실제로 우리 은호는 눈 깜빡하는 사이, 들풀 한 줄기를 다 먹어 치운(?) 적도 있었다. 그래도 아무 탈 없이 잘 자란다. 사실은 아이들 어릴 때 산 속 어딘가로 깊숙하게 들어가 살아 볼까, 하는 생각도 했었는데 생각만 하는 사이 애들이 쑥 커 버렸다.

3 집 밖으로 나서면 좋은 것도 많이 볼 수 있지만, 불편한 순간이나 참아야 하는 일, 기다려야 얻을 수 있는 경험들도 배울 수 있다. 그건 애들만 배우는 게 아니라 어른들 역시 마찬가지다. 그런 공부는 말이나 책으로는 절대 할 수 없다. 그래서 애들도 키우고, 우리도 큰다는 생각으로 자꾸 어딘가로 떠나게 된다.

4 아이들이 몸으로 익힌 기억은 평생 간다는 말을 들었다. 수영이나 자전거 타기 같은 것. 몸속에 쌓은 기억들도 마찬가지일 거라고 자신한다. 엄마 아빠와 함께 다녔던 행복한 기억들이 내 아이들의 세포 속에 쌓이고 있다고 생각하면 저절로 길 위에 오르게 된다.

5 마지막으로 여름 가출이 특히 잦은 이유 하나. 우리 집에는 에어컨이 없다. 그래서 시원한 곳을 찾아 나선다는 비밀 아닌 비밀!

질문 3
아이들과 함께 가기 좋은 장소가 따로 있나요?

[세상 모든 곳이 아이들의 놀이터]

1 어디가 좋을까. 어디로 가야 더 편안할까, 어디가 재미있을까. 물론, 이런 생각을 하지 않는 것은 아니다. 하지만 이런 기준은 어른들에게나 중요할 뿐, 정작 아이들은 어디로 가든 재미있어한다. 어떤 날, 정말 마땅히 갈 곳이 떠오르지 않을 때는 마트 체험도 하고, 널찍한 숍에서 애들이랑 장보기 놀이를 하기도 한다. 그럼 또 거기가 아이들의 놀이터가 되곤 했다. 그러니까 복잡하게 생각하지 않아도 된다.

2 무계획으로 집을 나섰다가 고속도로 위로 올라타는 날도 있었다. 우리 부부가 꼭 가 보고 싶었던 곳으로 그냥 떠나 보는 거다. 가는 동안 조금 칭얼대기도 하지만 아이들은 생각보다 잘 적응한다는 것을 알았다. 그래서 첫 장거리 여행 이후, 아이들을 동반한 여행에도 자신감을 얻게 되었다. 하여튼 세상일은 일단 겪어 봐야 자신감을 얻을 수 있다.

3 가장 좋은 장소는 자연이다. 소풍철인 봄가을이야 두말할 것 없고, 추우면 추운 대로 또 더운 날은 더운 대로 자연 속에서 놀게 한다. 그래서 아이들이 아주 아가일 때부터 우리 부부는 캠핑을 즐겼다. 워낙 캠핑을 좋아하는 우리 부부는 아이들에게도 그 즐거움을 하루 빨리 알려주고 싶었던 것 같다. 우리 애들, 요즘은 아주 캠핑 마니아가 되었다.

4 미술관, 박물관, 전시회, 도서관 등 지적 자산(?)을 얻을 수 있는 곳으로의 나들이도 빼먹지 않는다. 단지 아이들이 똑똑하게 크기를 바라서가 아니다. 그저 문화를 친숙하게 받아들이고, 즐길 수 있었으면 해서! 아직은 어려서 아무것도 모른다? 절대로 그렇지 않다.

5 피곤해서 몸이 절인 배추 같은 주말에는 역시 친정이나 시댁으로 도망가는 것이 상책이다. 가면 어른들이 '아고고, 내 새끼들!' 하면서 종일 봐 주시니까. 친정이 없는 나는 시댁이나 편한 지인들의 집으로 쳐들어간다.

설운도 아저씨? 주현 오빠?

트로트의 황제와 오버 연기의 여신!

아이들과 함께 인생 체험하기

마당을 일구던 엄마가
작은 꽃잎 하나를 떼어
내 손에 쥐여 주셨다.
"혜선아, 꽃 이쁘지?"
돌멩이를 골라 주거나
꽃을 심자, 하는 날도 있었다.
그런 엄마가 어느 날,
아직은 어린 내 손을 놓고
예고도 없이 먼 데로 떠나셨다.
엄마 없는 날들.
나는 꽃잎을 떼어 주셨던
엄마와의 추억.
수시로 그걸 먹고 자랐다.

그날, 나는
어린 내 딸아이에게
꽃잎 하나를 떼어 주었다.
엄마, 보고 싶다 하면서.

양은호 아가의 텃밭 사냥 하나, 일단 주변을 탐색합니다.

양은호 아가의 텃밭 사냥 둘, 목표물을 검거(?)합니다.

양은호 아가의 텃밭 사냥 셋, 가차 없이 입으로 가져갑니다.

돌 즈음 가출의 목표 지점, 엄마 텃밭!

아이들이 어릴수록 당일치기 여행의 추천 기준은 명확하다. 드넓은 자연이라 아이들이 뛰어다니거나 소리 지르고 놀아도 눈치 보이지 않는 곳. 무조건 안전한 곳! 놀이공원 같은 곳도 괜찮지만 한 가지 부족한 점이 있다. 세상의 모든 체험은 말귀를 알아듣는 나이부터 가능한 데다 가 봤자 아가들이 탈 것, 놀 것이 많지 않아서 괜히 부모들만 등골이 휘기 십상이라는 사실이다.

텃밭 농사로 일가견 있던 나에게는 당시만 해도 아직 채소 보물들이 무성하게 자라는 텃밭이 있었다. 그러니 아장아장 걸음마를 시작한 아이들과의 첫 본격 가출 장소가 텃밭인 것은 당연한 수순. 게다가 우리 텃밭은 취사가 가능하고, 텐트를 쳐도 될 만큼 자리가 넉넉해서 더욱 좋았다. 좋았다고? 정말 그랬을까? 사진만 봐도 알겠지만 텐트는커녕 채소에 물도 못 대고 돌아왔다. 그래도 좋았다. 왜? 절반의 성공! 그렇다고 믿었으니까.

"아이고, 바쁘다, 바빠! 이렇게 바쁠 수가!" 텃밭 관리자가 된 은호 아저씨와 은채 아주머니.

질문의 여왕 1 "엄마, 물 콸콸 줘도 돼요?"   질문의 여왕 2 "엄마! 이거 홀랑 다 뽑아도 돼요?"

어진 임금 왈 "상추야, 고추야! 불편한 데 없떠?" 노심초사하는 아이들 덕분에 무럭무럭 자라는 채소들!

지속 성장 보고서!
무모한 텃밭 체험을 수차례 이어 간 결과,
이제 아이들이 농사를 짓기 시작했다!
그럼 어른들은 뭐 하고?
고기 굽고, 대낮에 와인도 한잔하고!
게다가 아이들이 빵, 공차기 놀이도 한다.

| 띵굴띵굴, 띵굴한 팁 | **텃밭 농사는 아이가 어릴 때 지어야 본전 뽑기가 됩니다!**

텃밭은 집에서 가까울수록 좋다. 하지만 아이와 함께라면 거리가 좀 있더라도 나들이 삼아 다녀올 수 있는 정도라면 한번 체험해 보길 권한다. 텃밭을 가꾸는 이유는 어른에게도 무시 못할 귀중한 체험이자 채집의 기쁨을 안겨 주기 때문. 주렁주렁 열매나 김장거리까지는 아니어도 우리 식구들 먹을 쌈 채소만 거두는 수준이라도 은근 뿌듯하다.
아이들이 새순을 뽑아도, 물을 준다고 양동이로 들이부어도 웃으며 봐 줄 수 있는 삶의 체험 현장으로 이만 한 곳도 없다. 암, 그렇고말고! 참! 텃밭의 장점이 또 하나 있다. 주말마다 이번 주에는 어딜 가야 하나 하는 고민을 덜 수 있고, 입장료도 없다는 사실!

칙칙폭폭 기차 소리, 물 끓는 소리! 꼭두새벽부터 분주한 주방입니다.

a. JAJU, 식판 도시락(www.jaju.co.kr)

b. 텐바이텐, 매이거즈 수납 바구니(www.10x10.co.kr)

애들 깨기 전에 도둑고양이처럼 살금살금, 이유식 도시락을 쌉니다.

우리 넷의 아지트! 동네 고궁, 광릉
나들이 초보라면 집 주변부터 샅샅이 뒤질 것!

사실 아이들이 어릴 때는 오라는 데도 없다. 아이들끼리 옹기종기 소통하며 놀기에는 아직 어려서 만나 보았자 난리법석이 되고 마니까. 그래서 또래 엄마들도 가능하면 단독 행동을 하는 편이다. 우리는 마땅히 갈 곳이 없어서 집 주변의 공원으로 떠나곤 했다.
집에서 가장 가까운 공원이나 고궁, 그것도 차가 안 다니는 곳이라면 대단히 소중한 장소다. 내가 사는 곳에서 가장 가까운 곳은 광릉. 볕 좋은 주말이면 새벽부터 까꿍이들 도시락을 싸들고 광릉으로 가출! 이웃한 광릉수목원이 있지만 광릉을 즐겨 찾은 이유는? 아무래도 사람이 적어 덜 붐비고 주차하기 쉽다는 것. 주말과 휴일에 그것도 아가들을 데리고, 유명세를 타고 있거나 볼거리와 놀거리가 많은 곳을 찾는 것은 말리고 싶다. 애들도, 어른도 녹초가 되는 지름길이다.
장소가 정해지면 내 집 앞마당이라고 생각하고 집을 나서 보기를 권한다. 이유식 도시락을 간단히 싸고, 어른들은 근처 맛집에서 꿀맛 같은 외식으로 끼니를 해결하면 그만이다.

올라갈 때는 남편이, 내려올 때는 내가! 인생 수레를 밀고 끌듯이 공평하게 도란도란 산책하다 보면 동지애가 저절로 싹튼다는 사실.

> 띵굴띵굴, 띵굴한 팁

이유식 도시락 들고 일단 나서 보세요!

아이들이 없을 때는 별로 찾지 않았던 광릉은 조선시대 세조와 세조의 비 정희왕후의 능이다. 아이들 덕분에 역사학자 같은 자태로 광릉을 내 집 드나들듯 했다. 광릉 초입에서 광릉 입구까지의 거리가 10리라고 하는데, 거기에는 아름드리 고목들이 우거져 있어 삼림욕장 같은 느낌이 절로 들었다. 수레에 애들을 태우고 밀면서 걷다 보면 리프레시? 은근히 그런 게 된다. 게다가 비가 내리거나 궂은 날은 이웃해 있는 광릉수목원이 아무래도 한산하다. 그럴 때 수목원 내 산림박물관을 구경하거나 온실 투어를 하면 기분 전환에도 큰 도움이 되곤 했다. 입장료 1천원씩 내고 들어가 학구파 엄마 아빠처럼 괜히 으쓱한 나들이를 즐겼던 기억이 새록새록! 유난스럽게 부지런히 살았던 날들이 떠오른다.

임금님, 거기 있어요?

royaltombs.cha.go.kr

광릉 열 번쯤 다녀오는 동안 아이들은 부쩍 자라고요!

이번에는 지인의 가구점 오픈 축하(?)차 서울행!

아니, 아니지. 지인의 가구점 습격 사건!

www.bplusm.co.kr

아이들과 함께 인생 체험하기

이층집으로 이사했나요? 무슨 그런 황홀한 말씀을!

수년 전, 서울 연남동의 한적한 주택가에 지인의 가구점이 문을 열었다. 축하도 할 겸, 나들이 프로그램의 하나로 낙점. 집 나설 때만 해도 아주 순수한 마음이었는데 막상 그곳에 가서 내 아이들의 반응을 보니 횡재했구나, 싶었다. 거기 그저 잠시 들러 인사만 하고 또 어딘가로 가 보자, 했던 계획을 전면 수정하게 된 것이다.

잘 꾸며진 주택 같은 매장. 다시 말해 이층집. 편평한 아파트에서 하루하루를 보내는 내 아이들은 계단과 마당, 고양이도 있는 그곳에 이르자 아주 물 만난 고기처럼 신났었다. 오르락내리락, 계단 점령. 넣었다 뺐다, 옷장도 점령. 흔들의자, 사수. 눈동자 하얀 검은 고양이와 맞짱! 이모들 여럿이 아이들 주변에 있어서 은근히 엄마 휴가도 만끽했던 날이었지, 아마!

이렇게 무언가 새로운 느낌의 매장도 아이들에게는 흥미진진한 놀이터가 되게 마련이다. 단, 들어오는 손님 막아서고 돈 벌어 주려는 손님 등 떠미는 사태를 만들지 않도록 신중하게 아이들을 감시해야 하는 것은 기본.

무엇보다 이날은 하루 빨리 내 집을 가져야겠다고, 마당 있는 집이었으면 좋겠다고, 엄마 아빠의 소망이 무럭무럭 자라났던 날이기도 하다. 종아리에 알통이 생기도록 계단을 오르내리면서 재미있어하던 아이들 모습을 핑계 삼아 마음속에 들끓는 나의 욕망을 다시 한 번 남편에게 각인시켰었다!

이층집에 대한 로망을 갖게 만든 숍 나들이

집 주변 떠나 조금 조금씩 더 멀리
: 출발 지시 내리는 아이들!
습관성 가출증후군이 발동합니다!

돌쟁이 둘 데리고
강릉 카페로 가서
차 한 잔,
진짜 차만 한 잔!
나 왜 그랬지?

남편 : 강릉을 가자고?
나 : 어.
남편 : 지금? 갑자기?
나 : 어.
남편 : 당신, 왜 그래?
나 : 뭐가?
남편 : 강릉에 왜 가는데?
나 : 커피 마시러.
남편 : 안 되겠다. 병원 가자.
나 : 갈 거야, 강릉.

애인이 생기면 좋아하는 곳에 가 보고 싶은 심리처럼, 아이들과 함께 내 마음의 안식처가 되어 주곤 하는 카페 테라로사. 거기로 가서 커피 한 잔 마시고 싶었다. 혀를 끌끌 차는 남편과 천지 분간 못 하는 두 아이를 데리고 2시간 40분이나 차를 몰아 강릉으로 갔던 날. 다시 한 번 확실히 깨달았다.

아직 말귀 안 통하는 아이들과 함께 즉흥적인 감성 여행 같은 것은 꿈도 꾸지 말자는 것. 입천장이 벗겨질 만큼 뜨거운 커피를 원샷, 빵 봉다리 들고 10분 만에 퇴장하는 기록을 세웠었지, 아마! 아이, 참!

www.terarosa.com

여기 강릉, 커피 공장 테라로사. 커피 맛에 넋을 잃게 되는 곳.

그래 보고 싶었다니까요. 무작정 훌쩍, 거기 가서 내가 좋아하는 커피 한 잔 마시고 싶었죠.

네, 맞아요. 아이 키우는 엄마는 가끔 정신이 나갈 때가 있습니다. 안 그러면 어떻게 삽니까?

대자연을 망아지처럼!
용인 한택식물원 트레킹

오늘은 우리 좀 걸어 보자, 하면서 찾아갔던 용인의 한택식물원. 어른들도 눈이 휘둥그레지는 자연을 만났다. 국내 최대라고 자랑하는 20만 평 규모, 36개 주제의 정원이 그림처럼 눈앞에 펼쳐졌다. 한자리에서 보기 힘든 각종 야생화들이 흐드러지게 피어 있는 한택식물원은 특히 봄가을 나들이로 추천한다. 봄꽃과 가을 낙엽, 그 운치를 맛볼 수 있으니까 말이다.

애들이 힘들지 않을까, 했는데 애들은 종일 망아지처럼 뛰어다니고, 어른들만 방전! 워낙 광활한 자연이라서 맘껏 놀다 올 수 있다. 그럼, 너른 자연 속에서 아이들이 어떻게 노는지, 가르쳐 주지 않아도 스스로 자연과 친구가 되는 아이들의 모습을 만날 수 있게 된다.

www.hantaek.co.kr

엄마 딸, 엄마 아들!
꽃길만 걸어라. 꽃길만!

아이들과 함께 인생 체험하기

꽃 속에 파묻힌 내 새끼들을 보았다, 고성 하늬라벤더팜

프랑스, 아니 프랑스 중에서도 프로방스. 라벤더가 활짝 필 무렵에 꼭 한 번 가 보고 싶은 로망이 있었다. 그러다 대안으로 찾아낸 곳. 강원도 고성에도 하늘하늘한 라벤더 꽃이 넘실거리는 곳이 있다. 6월이면 유럽 어디 못지않게 허브 향이 넘실대는 곳. 누구든 예뻐 보이고 행복해 보이는 꽃밭.
여기, 이 꽃 속에 아이들을 담갔던 날. 눈이 부셨다. 내 새끼들의 저 눈부심을 어쩔 건가. 저 향기는 또 어쩔 건가. 하루 종일 마음 두근거렸었다. 꼭 해외여행만이 대수는 아니다. 아이들과 함께 보고 싶은 것을 보고, 먹고 싶은 것을 먹고, 기쁜 순간을 만들 수만 있다면 어디든 상관없다.
라벤더를 한 바구니 가득 담아 집으로 돌아오는 차 안에 향기가 가득했었다는 기억이 난다. 그러니 언제든 6월 중순이 오면 꼭 한번 가 보라고 소곤소곤 귓속말해 주고 싶은 곳이다.

www.lavenderfarm.co.kr

사진 찍을 곳이 많으니 꼭 예쁜 옷 입고 가세요.

아직 더 놀 수 있다면 근처 바닷가로 가서 모래 장난도 좋습니다.

오늘은 강가에서 보내렵니다. 강가에 장이 서는 날이거든요.

카메라 들이대면 이빨 스물여덟 개를 다 드러내 보이는 내 딸과 로맨스 영화의 주인공 같아지는 아들입니다.

애들은 장 보고, 어른들은 체험하는 양평 문호리 리버마켓

곰곰 생각해 보니 우리 넷은 비교적 일정한 사이클로 움직이고 있는 것 같다. 어떤 주말에는 아이들과 온몸으로 놀아 주는 일정을 잡는다. 이럴 때는 대자연! 하지만 또 어떤 날은 어른들의 휴식을 위해 차분하게 즐길 수 있는 장소! 엄마 아빠의 즐거움까지 곁들일 수 있는 박물관이나 전시장은 이를테면 어른들을 위한 프로그램 중 하나다.

그렇다면 아이와 어른 모두를 만족시켜 주는 곳은 없을까? 해답부터 말하자면 있다. 예를 들어 자연 속에서 한가롭게 열리는 마켓이 이 모든 것을 아우르는 곳이다.

양평 문호리 강변에는 매월 첫째, 셋째 주말에 비가 오나 눈이 오나 열리는 장터가 있다. 특히 날씨 좋을 때, 바람 쐬러 한 바퀴 돌다가 밥 한 끼 먹고 돌아오기 괜찮은 곳이다. 처음 장이 열릴 때보다 음식도 제법 다양해졌다. 뻥튀기, 빵집, 양평의 자연 먹을거리들까지, 건강하게 배부를 수 있다.

이곳을 찾는 날이면 까꿍이들은 시식 코너에서 벗어나질 못한다. 그럼 엄마사람은? 찻잔이나 나무그릇, 각종 나무 소품에 넋을 놓다가 그것들을 직접 만들어 들고 오기도 하니! 지갑 단디 동여매고 출동해야 한다.

아이들과 함께 인생 체험하기

다 같이 산책하고,
어른들은 브런치 즐기고,
애들은 자연을 가지고 노는
건강한 나들이 장소!
과천 마이알레

02-3445-1794 경기도 과천시 삼부골 3로 17

믿을 수 있는 식재료로 음식을 만드는 카페가 있어 더욱 좋은 곳, 이번에는 과천이다. 카페, 마이알레. 아이들과 함께일 때는 규모가 작아서 오히려 안심이 되는 장소가 있다. 거기에다 직접 재배한 식재료를 사용하는 식당에서 한 끼 맛있게 먹을 수 있다면 이보다 더 좋을 순 없겠다.

번잡한 도심의 어딘가가 아니라 우거진 나무 아래 여유롭고, 고요한 정취를 즐길 수 있는 곳. 지리적으로도 집에서 가깝고 정원에서 한참을 놀다가 식사도 할 수 있어 갈 곳이 마땅치 않을 때면 자주 달려가곤 했던 곳이다. 꼭 무언가를 보지 않아도, 얻지 않아도 자연과 잘 어우러진 우리 가족만의 소중한 레스토랑이라고 고백하면 마이알레에서 서운해하려나?

여기에 가면 주방에서 직접 굽는 가정식 빵과 텃밭에서 재배한 식재료를 이용한 샌드위치와 샐러드, 파스타 등을 맛볼 수 있다. 게다가 2층의 리빙 숍에 들르면 어른들의 문화적 감성까지도 충족시킬 수 있다.

www.museumsan.org

건축쟁이 남편의
꿈을 응원하는 시간!
세계적인 건축가
안도 타다오의 뮤지엄 산

나들이라는 것이 사실은 집에 있을 때보다 시간은 잘 가지만 몸은 엄청 힘들다. 주말 나들이를 포기하고 집에서 뒹굴까 싶은 마음이 드는 날에는 엄마 아빠가 좋아하는 미술관이나 박물관 관람으로 결정한다.

아이와 함께하는 외출이지만 가족이 다 함께 가는 곳이니 아이들 위주로만 고르기보다 엄마 아빠가 좋아하는 곳을 찾아보는 것도 중요하다고 생각한다.

원주에 위치한 뮤지엄 산은 꽤 높은 산자락에 위치해 있다. 빛과 물의 건축가로 불리는 세계적인 명사 안도 타다오가 지은 곳으로 널리 알려져 있다. 건축가가 8년이나 설계했다는 이곳의 건축물을 바라보는 것만으로도 눈 호강은 물론, 마음까지 호강이다.

조용한 자연의 멋을 느끼고 싶다면 한번쯤 가 볼 만한 곳으로 소개하고 싶다. 단, 이곳에 갈 때는 아이들 음식은 직접 준비하는 것이 좋다. 어른들은 박물관 내부에서 판매하는 간단한 차와 음료, 샌드위치 등으로 요기가 가능하다.

실크 스크린 체험이나 드로잉 컵 만들기 등 유치원생부터 가능한 체험 프로그램이 있어서 아이부터 어른까지 즐거운 방문이 될 것 같다.

"이모가 아픈가요?"

아이들이 아무것도 모를 때부터 미술관이나 박물관 그리고 각종 전시회에 데리고 다녔다. 분명 마음에 담기는 것이 있을 거라고 믿어서다. 덕분에 이제는 제법 감상도 하고 자기 느낌도 말한다. 서울시립미술관에서 열린 까르띠에 현대미술 재단의 〈하이라이트전〉. 두 아이가 손을 꼭 잡고 다니며 감상했다. 기뻤다. 그런데 호주 작가 론 뮤익의 〈침대에서〉라는 거대한 조각 작품 앞에서 발길을 멈추고 한참을 서 있던 은호가 물었다.

changuechin.yangju.go.kr

미술관, 개울물, 캠핑장까지! 양주 시립 장욱진미술관

에어컨 없는 집은 너무 덥고, 야외는 엄두가 안 나지만 엉덩이는 들썩이고, 그래서 선택하게 된 곳. 미술관만을 목표로 가기에는 아이들이 아직 어리지만, 잔디밭에서 놀다가 미술관 에어컨을 잠시 빌리면 된다고 좋게 생각하기로 했다.

미술관 옆으로는 튜브 타고 놀아도 될 만큼 널따란 개울이 있어 한여름에 특히 아이들과 가 볼 만하다. 여유 있게 놀고 싶은 가족을 위해 '미술관 옆 캠핑장' 역시 예약제로 운영하고 있으니 참고할 것. 소문에 의하면 미술관 옆 캠핑장 명당은 아늑하고 주차도 편리한 별빛 사이트라고 한다.

모래 놀이 하고 바지락칼국수 콜! 쉬운 바다, 을왕리 해수욕장

을왕리 해수욕장은 쉽다. 우선 서울에서 가까운 바다라서 쉽다. 또 바다 앞으로 신선 바지락 메뉴의 식당들이 즐비하니까 그저 칼국수 먹으러 간다고 생각할 수 있어 쉽다. 칼국수 한 그릇을 든든하게 먹고 해수욕 흉내를 내면 그만이다. 일단 자외선 차단제 꼼꼼히! 발가락에 모래가 묻었다고 울고불고하던 은채는 얼마 안 가 모래 속에 몸을 굴렸다. 아이들의 모래 놀이를 구경하며 잠시 선탠 타임. 애들 아빠는 바다랑 맞짱 뜨면서 자꾸 뛰어드는 은호를 잡으러 다니느라 기진맥진인데 나는 구경만 하고 있다. 히히!

자두를 따시던 할아버지는 하부, 하부, 부르면서 달려오는 아이들을 아구구 하면서 활짝 웃는 얼굴로 반겨 주셨다.
아들 내외 기다리며 부엌을 지키시던 할머니도 두 팔을 벌려 아이들을 한 명씩 안아 올리셨다.
처음 조금은 아이들을 어색하게 반기셨던 시어른들은 이제 두 아이를 물고 빨고 하며 아낌없이 사랑하신다.
할아버지와 할머니에게도 가슴으로 손주를 낳을 시간이 필요했을 것이다.
관계를 맺기까지의 시간, 사랑할 시간.
그 시간을 넘어 이제 우리는 완벽하게 사랑하는 가족이 되었다.
자두의 단물처럼, 새콤하게 짜릿한 그 맛처럼 사랑하는 우리가 되었다는 것이 좋다.

큰 아이들 곁에서 엄마 공부 둘.

할아버지와 할머니가 과수원을 한다는 것은 아이들에게 엄청난 양의 제철 과일을 공짜로 먹일 수 있다는 것이자, 수확 시기마다 일꾼으로 동원되어야 한다는 것을 뜻한다. 가장 먼저 수확하는 건 장마 끝의 한여름 자두. 할머니네 마당에서 물놀이를 원 없이 한 뒤 옥수수와 자두로 배를 채운다. 밭두렁에서 채집한 미나리 무침을 곁들여 돼지고기를 장작불에 구워 먹다 보면 여유롭게 휴가가 별거냐 싶은 마음이 든다.

할아버지 과수원에 놀러 간다고 쓰고, 시월드에 일하러 간다고 읽는다

해마다 여름이면 자두

아이들과 함께 인생 체험하기

할머니 할아버지가 소일거리로 심은 블루베리 1백 그루가 아이들과의 추억거리를 만들어 준다. 키가 나지막하게 자라는 나무라 아이들이 손만 뻗으면 따 먹을 수 있어 더 좋다. 스스로 따는 족족 입으로 가져가니 고객님 만족도 200%. 아이들 과일 수확 체험에 딸기가 왜 그렇게 인기가 많은지 절감했던 하루. 블루베리 원 없이 따 먹고 시원한 지하수 물에 목간한다.

따는 족족 입으로 가져가는 블루베리

니트 옷 꺼낼 무렵의 사과, 정든 사과나무와 작별하다

이제는 없는 시댁의 사과나무. 꿀사과라고, 수확철만 되면 인기가 많았는데 이제는 모두 베어 없애고 사진으로만, 기억 속에만 남아 있다. 연세 드신 시부모님이 사과 농사를 포기하신 까닭이다. 과수원집으로 시집와서 니트 꺼내는 철이면 으레 사과 따야겠구나, 하던 일이 더 이상 반복되지 않는다니 좋기도 하고 한편 서운하기도 하다. 열매가 맺히기 전, 눈부시게 피어나던 사과 꽃과도 안녕이다.

과수원에만 가면 제 바구니 야무지게 챙기고, 과일 욕심을 내던 쌍둥이들도 할머니 할아버지의 사과나무를 추억하게 될까? 너무 어려서 다 까먹고 말겠나?

가을이야.

애들도 볼 줄 압니다.

그래.

이토록 좋은 자연.

마음먹고 가서 자고 오는 주말여행

: 집이 제일 편하다는 깨달음을 얻으러 갑니다

혼자만 알고 싶은 비밀의 숲,
양평 서후리숲

단풍나무숲, 자작나무숲, 메타세콰이어숲. 이름만으로도 가슴이 뛰는 오롯한 숲길. 양평의 서후리숲은 무엇보다 자작나무숲이 근사하다. 이곳은 사유지로 입장료를 내면 소풍도 가능하다. 축구장으로 써도 좋을 만큼 광활한 잔디밭에서 피크닉도 즐기고, 한여름에는 개천에서 물놀이도 할 수 있으니 더할 나위가 없다.

서후리숲에는 딱 2개의 캡슐 펜션이 있는데 캠핑인 듯 캠핑 아닌 듯, 아직 어린아이들과의 주말여행을 시도하기 좋은 곳이다. 밤이면 드넓은 숲에서 우리끼리만 별빛을 바라볼 수 있는 행운을 누릴 수 있다.

특히 완만한 산행 코스가 압권인데 아이들과 손잡고 천천히 걷다 보면 땀이 송글송글! 바로 이맘때쯤 산 정상의 자작나무들과 마주치게 된다. 하얗게 쭉 뻗은 나무와 푸른 바람을 종합 선물세트처럼 받을 수 있어 좋다.

seohuri.com

아이들과 함께 인생 체험하기

이마를 몇 바늘 꿰맸지만 어야 왔어요.

파주로 1박 2일 놀러왔습니다.

공룡이 하나도 안 무섭다고 하더니만.

양은호의 얼굴은 잔뜩 겁에 질려 있군요.

아이들과 함께 인생 체험하기

미메시스 아트뮤지엄
www.mimesisart.co.kr

게스트하우스 지지향
jijihyang.com

24시간 도서관 지혜의 숲
forestofwisdom.or.kr

**파주에서의 1박 2일,
미메시스 아트뮤지엄과
게스트하우스 지지향**

멋진 건축물이 있는 곳이면 어디든지 가 보고 싶어 하는 애들 아빠, 그러니까 남자 1호의 영향으로 큰 관심을 갖게 된 파주. 출판 단지 안에 있는 이 아트뮤지엄은 포르투갈의 건축가 알바로 시자의 작품이다. 이곳의 모토는 '상상력을 자극하는 예술'이라는데 인문학 강연, 키즈 아트 클래스 등의 수업도 함께 진행한다.

요즘 파주 출판 단지 안에는 하루 종일 놀기 좋은 곳들이 점점 늘어나고 있어 어린아이들을 데리고 1박 2일 투어를 즐겨도 괜찮다. 아트 투어라는 이름으로 떠난 날. 아이들에게도 책, 영화, 미술 작품까지 한 번에 누릴 수 있는 곳들을 꼭 보여 주고 싶었다.

아트뮤지엄 관람 후 24시간 운영하는 도서관 '지혜의 숲'에서 책 냄새 맡기! 그 다음에는 아이들이 떠들면서 놀아도 좋은 보림출판사와 김영사 북 카페만 들러도 밥때가 훌쩍 지난다. 특히 김영사 북 카페 '행복한 마음'에는 놀이방과 수유실이 있어 아가들과 나들이를 가기에도 부담 없다. 피노키오박물관까지 들른 다음 게스트하우스 '지지향'에서 묵었다. '종이의 고향'이라는 뜻을 지닌 지지향은 이름답게 차분하고 깔끔한 곳이다.

"은채, 왜 울어요?"
"떼떼떼떼떼. 으앙."
"어. 그랬구나. 물이 그렇게 무서워요?"
"따따따. 으앙."
"은호는 안 무서워요?"
"뽜뽜-뽜뽜-뽜뽜-뽜뽜."

큰맘 먹고 풀 빌라, 요나루키 까꿍이들의 첫 물놀이

물놀이 싫어하는 아이들이 있을까? 욕조에서도 잘 놀지만, 그래! 일상을 탈출해서 너희도 좋고 나도 좀 살자 하면서 수도권의 풀 빌라를 과감히 예약했다. 방문을 열고 나가면 따뜻하게 덥혀진 자그마한 개인 수영장이 있어서 쌍둥이들의 첫 물놀이 장소로 제격이었다.

파주의 요나루키. 기저귀도 못 뗀 아이들을 데리고 집이 아닌 곳에서 누리는 여유를 되찾고 싶을 때 한 자리에서 모든 것이 해결되는 풀 빌라도 고려해 볼 만하다. 조식 서비스는 물론, 호텔이나 리조트처럼 너무 크지 않은 것도 마음에 딱 들었다. 가격대가 조금 세긴 하지만 만족도가 더욱 높은 곳. 여기가 해외다, 생각하면서 약간의 사치를 누리기에도 제격이다.

www.yonaluky.com

애들 키우는 동안 엄마의 날들,
늘 별 좋은 하늘 같지만은 않은 것 같다.
막막할 때가 많았다.
말 못하는 아이의 말을 이해해야 하고,
아직 못 걷는 아이의 다리가 되어야 하고
잠시도 눈 떼지 않은 채 애들만 보아야 한다.
그런데도 참 놀라운 건 기어이 그 일들을 해낸다는 것.
마음이 먹구름 앉은 망망대해 같다가도
곧 해가 뜰 거야 하고 견뎌지는 게 엄마 라이프 같다.
엄마에겐 구름 낄 틈이 없다.
애들 때문에라도 엄마 라이프는 반드시 맑은 날이어야 한다.
왜냐하면 우리 애들이 지금 크고 있으니까.
나무처럼 크는 아이들에게는 엄마가 볕이고 바람이고 물인 것 같다.

크는 아이들 곁에서 엄마 공부 셋.

아이들과 함께 인생 체험하기

해운대밖에 모르던 나, 촌닭 엄마
부산 송정해수욕장에 반하다

부산 하면 해운대만 떠오르는 나. 짝퉁 시골 거주자가 지인들의 소개로 남다른 부산을 만나고 왔다. 여러 가족들이 한꺼번에 모여서 세세하게 계획을 세운 뒤 송정에 있는 어썸하우스에 묵기로 했다. 처음 만난 송정해수욕장! 부산 사람들은 물놀이하러 해운대로 안 가고 송정해수욕장으로 간다더니만 가 보니 알 것 같았다. 바다도 조용하고 파도도 예술인 곳. 인근 주민들이 가는 돼지국밥집, 밀면집 등이 곳곳에 포진되어 있어 식당 어디를 들러도 맛있다는 것 역시 손꼽을 만한 장점이다.

www.awesome-house.co.kr

blog.naver.com/sallim123

지인의 집과 바다 뷰가 멋진 숙소,

예쁜 숍까지 두루 돌며 송정에 빠졌던 기억.

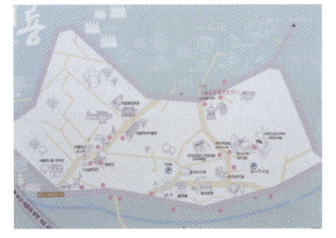

부산에 가거든 이곳도 들러 보세요.

추억의 습작 같은, 기장 대룡마을

부산 기장군 장안읍 오리. 이곳에 가면 마치 파주의 헤이리마을처럼 예술 여행이 가능한 마을이 나온다. 언뜻 보기엔 그냥 농가처럼 보이지만 예술가들이 모여 사는 마을이라 남다른 운치가 있다. 개방되어 있는 작업실도 많고, 깔끔한 무인 카페, 갤러리, 오래된 가옥 등 한나절 돌아보기에 충분하다. 단, 시즌에는 인파가 많으니 비수기를 추천!

여름날의 야생 체험, 여수 송시마을

꼬꼬마 탐험대가 출동합니다!

송시마을(www.songsi.co.kr)

시골여자의바른먹거리(countrygirl.co.kr)

시골 외할머니 집에 놀러 가는 기분!
어른들은 먹기 바쁘고, 아이들은 놀기 바쁜 송시마을

여름이면 온 가족이 여수로 출동! 여수 송시마을에서 한여름 체험장을 오픈하는 덕분이다. 매일 25m 레일의 수영장 물을 갈고, 폐교 전체에서 아이들이 홀딱 반할 만한 체험을 펼치는데 아이들도 좋아하지만, 내가 더 신이 나서 아이들과 있는 힘껏 놀아 주곤 하기 때문에 만족도가 최고다.

송시마을은 체험장뿐만 아니라, 펜션도 함께 운영하고 있어서 가족들끼리 며칠 밤 묵으며 지내다 오기에 더할 나위 없다. 그리고 하나 더! 송시마을은 '시골여자의바른먹거리'라는 사이트를 함께 운영하고 있다. 시골 인심으로 바르게 지은 맛깔난 반찬과 김치, 장류, 우리 과자 등을 별도의 쇼핑몰을 통해 구입할 수 있다.

> 띵굴띵굴, 띵굴한 팁

송시마을에서 추천해 준 바다 마을 한 군데 더! 여수 안도에 위치한 '동고지마을'은 여수시에서 세 번째로 지정한 명품 마을이란다. 열 가구 열다섯 명의 섬주민이 거주하는 곳인데 민박집을 잡으면 식사도 해 주신다. 워낙 사람이 없어서 로빈슨 크루소 놀이가 가능한 곳. 식당 팁도 하나 더! 여수는 해산물이 풍부하지만, 무엇보다 청정지역으로 지정된 굴 양식장이 있어서 특히 굴이 좋다. 지나다니는 길에 굴떡국과 해물칼국수 파는 집이 나온다면 묻지도 따지지도 말고 일단 들어가서 잡숴 봐도 좋다.

3박 4일 정도의 일정으로 기분 전환하기 가장 좋은 곳을 꼽는 다면 망설임 없이 제주아일랜드를 추천한다. 이유는? 제주니까. 그저 그 이유만으로도 한없이 충분하니까.
사실, 제주도에는 합리적인 가격대의 멋진 숙소가 많다는 장점이 있다. 두 아이 덕분에 여행지만큼이나 숙소도 깐깐하게 고른다. 특히 아이가 어릴수록 숙박 시설의 상태와 조식의 유무가 여행의 만족도를 높여 주는 키포인트가 된다는 것을 몸으로 익힌 덕분이다
비행기를 타고 떠나기 때문에 여행 기분을 더 크게 만끽할 수 있는 제주도. 무엇보다 24개월 전의 아이들은 항공료가 무료이기 때문에 더더욱 매력적인 곳이다. 아이들이 자라는 동안 몇 차례, 제주도를 다녀왔는데 특히 24개월 전에는 먹일 것이 마땅하지 않아서 기내용 이유식 도시락까지 챙겨 들고 떠났었다. 그렇게까지 좋았던 우리들의 제주도, 그 이야기를 풀어 본다.

그리고 그 바다
그리고 그 섬
여기

제주

제주에서 방콕을! 주로 방 안을 여행했던 우리들의 첫 제주.

굳이 왜 거기까지 갔는지는 되묻지 않기.

하필이면 비 오시는 날, 다시 제주.

내 새끼들 크는 소리가 들렸던.

a. 보롬왓　b. 사운드로잉 갤러리
c. 제주 중문 모메든 식당　d. 세화해변　e. 남국사

a

a

b

b

c

d

그리고 또 제주. 친구들과 여행 온 듯 자율적이었던, 그래서 감동했던 3박 4일.

수시로 실랑이가 벌어졌지만, 그럼에도 불구하고 쑥 자란 까꿍이들에게 반했던 날들.

제주 가면 꼭 들러 보세요, 핫플레이스

넓고 넓은 제주도에서는 사람 많은 곳보다는 사람 적은 곳 위주로 돌아다니는 게 나만의 탐험 만족도를 높이는 노하우. 아무리 관광객이 드문 곳을 고르고 골라도 새로운 카페와 숍이 눈 깜짝할 새에 많이 생기는 제주도 특성상, 아이들과 어른이 모두 만족하는 여행이 되기는 어렵다. 그렇기 때문에 더더욱 신중하게! 사실은 제주 어디를 가도 다 좋지만 섭지코지와 절물자연휴양림, 세화해변, 그리고 6~7월의 여행이라면 종달리 수국길도 꼬옥 한번 가 보시길 권한다. 세화해변의 경우, 시간이 맞으면 가까이에서 열리는 5일장도 구경할 수 있다.

5일장이 열리는 날 중, 매달 5일과 20일에는 벼룩시장도 함께 열린다. 제주도 사투리로 '반짝'이라는 뜻의 '벨롱장'인데 작지만 마음을 끄는 핸드메이드 제품들과 수제 잼, 장아찌 등을 만날 수 있어 매력적이다. 세화 5일장뿐 아니라 제주 곳곳에서 날짜별로 다르게 열리는 5일장을 놓치지 말 것.

제주의 5일장
01 · 06 · 11 · 16 · 21 · 26일 / 함덕, 하귀, 모슬포, 성산
02 · 07 · 12 · 17 · 22 · 27일 / 제주, 신창, 안덕, 표선
03 · 08 · 13 · 18 · 23 · 28일 / 조천, 중문, 남원, 애월
04 · 09 · 14 · 19 · 24 · 29일 / 서귀포, 고성, 한림
05 · 10 · 15 · 20 · 25 · 30일 / 남읍, 고산, 세화

날씨가 궂을 때는 한화 아쿠아플라넷도 추천한다. 귀여운 바다 동물들을 직접 눈앞에서 볼 수 있는 흔치 않은 기회! 서울 근교에도 아쿠아리움이 여러 개 있지만 다른 곳보다 여유롭게 둘러볼 수 있다는 장점이 있다. 각종 박물관 투어도 빠질 수 없겠지만 김영갑갤러리와 이중섭미술관은 제주도에 갈 때마다 들르는 곳이다.

이시돌 목장 근처의 금오름은 제주도의 오름 중에 차가 정상까지 올라갈 수 있는 곳이라 몸 편하게 어린아이들과 오름을 즐기기를 추천한다. 이시돌목장에서 판매하는 우유부단 아이스크림 하나씩 물고 패러글라이딩 하는 것을 볼 수 있다.

제주의 아침, 좋은 아침을 위한 소소한 여행 픽!
아로마 우드 볼과 리넨 베개 커버 그리고 뜨개 목욕 수세미까지 장착!

에프북언더(blog.naver.com/fbookunder)

숙소가 좋으면 여행이 더 좋아집니다. 고즈넉한 호텔 히든클리프.

제주, 그곳의 숙소

사람마다 취향이 달라서 숙소는 참 추천하기가 조심스럽다. 하지만 호텔이 아니라 펜션을 고를 생각이라면 가능한 한 독채를 추천한다. 아이들이 시끄럽게 떠들거나 울어도 다른 숙박객들에게 피해를 줄 염려가 없기 때문이다.

처음 아이들과 함께 묵을 제주도 숙소를 알아보던 중 아이는 안 된다며 냉정하게 거절당하는 일이 수차례 반복되자 마음의 상처를 받았던 쓰라린 기억도 있다. 그러그러한 이유로 마음 편히 놀고 묵었던 세 군데의 숙소를 소개한다.

〔감귤밭 스테이, 이좋은순간〕
비밀의 정원 같은 감귤나무 숲이 딸린 독채 펜션. 잘 아는 지인 집을 찾은 듯, 편안하고 다정한 인테리어에 멋이 깃든 복층 구조라 대가족이 머물기 좋다.

〔디아넥스호텔〕
포도호텔에서 운영하는 세컨 브랜드 호텔. 수영장이 좋은 호텔이어서 무척 만족스러웠던 곳이다. 군이 숙박을 하지 않아도 야외 자쿠지나 수영장만 별도로 이용할 수 있다. 유아용 풀이 따로 있고 구명조끼가 비치되어 있으며 직원이 튜브에 바람까지 넣어 주기 때문에 아이들 챙기기 바쁜 부모들은 감동하고 돌아온다.

〔제주 스테이, 세화맨션〕
감성을 자극하는 다정한 숙소. 제주 세화바다 앞쪽에 위치하고 있다. 데크에 야외 욕조도 있어 아이들과 함께 찾기에 안성맞춤이다.

www.egoodjeju.com

theannex.ms.tourgoco.co.kr

www.sehwa-mansion.com

아이들과 함께 인생 체험하기

맨땅에 헤딩하는, 사서 고생 캠핑
: 그런데도 굳이 가는 이유

아이들과 함께 인생 체험하기

한 달에 한 번 정도는 짐을 꾸려 캠핑을 즐겼었다. 얼마나 좋았으면 [캠핑이 좋아]라는 책까지 냈을까. 그랬던 우리 부부, 매사에 도전하기를 좋아하는 우리 부부도 아이가 생기고 나서는 엄두가 안 나서 '캠핑 스톱'의 상태를 한동안 지속했다. 그럼 언제부터 다시 시작했느냐고? 아이가 돌을 집어먹지 않을 것 같을 때! 먹어도 될 것과 아닌 것을 구분하기 시작할 때부터 다시 캠핑을 시도했던 것 같다.

사실 서너 살 아이들과 캠핑을 떠난다고 하면 다들 걱정부터 해 준다.
"짐은요?"
"밖에서 자면 애들이 춥지 않나요?"
"애들 먹을 건 어떡하죠?"
집도 아니고 펜션도 아닌 데서, 쉽게 말해 맨땅에서 아이들과 먹고 자는 일, 당연히 불편이 따르기도 한다. 하지만 아이들이 생겼다고 해서 무조건 아이들 위주로만 먹고 입고 생활하면 어른 마음에 불만이 쌓인다. 어른과 아이가 타협해 가면서 생활할 필요가 있다고 믿는다.

말도 잘 안 통하는 아이들과 무슨 타협이냐고 할 수 있겠지만, 애들도 안다. 무엇보다 아이들의 적응력은 정말 놀라울 정도다. 캠핑이 반복되면서 아이들의 그런 태도에 놀라곤 했으니까. 어른보다 더 제대로 즐긴다. 캠핑을!

숙박 여행이 가능해지고부터 캠핑을 준비했다. 걱정이 없는 건 아니었지만 막상 가 보니 집보다는 힘들어도 아이들은 생각보다 씩씩하고, 불편한 환경에 적응도 잘했다. 게다가 나는 넘어질까, 다칠까, 하면서 아이 주변을 맴도는 성향이 못 된다. 조금은 터프하게 아이들을 자연에다 맡겨 보는 캠핑 육아가 잘 어울리는 엄마라고 할 수 있겠다.

이렇게 밖으로 나오면 좋은 점! 엄마한테 안 달라붙고 자기들끼리 논다는 것. 그것도 자연이랑 논다는 사실. 나뭇가지를 들고 놀고, 흙을 만지면서도 논다. 옆 텐트의 아이들과도 스스럼없이 사귀고, 하루 종일 지칠 때까지 뛰어 노는 울트라 파워를 발휘한다.

글램핑을 하려는 것이 아니라면 캠핑은 되도록 2박 3일의 일정으로 잡으라고 말하고 싶다. 하루 일정으로는 짐 싸고 푸는 데 시간을 다 보낼 수 있기 때문이다. 짐 풀고 아이들 먹여 가며 느긋하게 놀 수 있으려면 무조건 2박! 이것이 기본이라는 사실을 귀띔한다.

아이와 함께 떠나기 좋은 캠핑장

1 집에서 가장 가까운 곳

아이들과 함께하는, 그것도 어린아이들과의 캠핑이라면 무조건 집에서 가까운 곳을 추천! 날씨가 급변한다거나, 아이가 아프거나 하는 변수에 탄력적으로 대응할 수 있어야 하기 때문에 집과의 거리를 염두에 두는 것이 좋다.

갑작스럽게 변동하는 스케줄에도 쉽게 대처할 수 있는 최고의 캠핑장은 역시 집 근처 캠핑장! 다행히 내가 사는 짝퉁 시골은 캠핑 8학군인지라 캠핑장이 몰려 있는 경기도 북부와 강원도가 아주 가깝다. 나의 단골 장소는 엎어지면 코 닿을 거리에 있는 팔현캠핑장이다.

애, 어른 가리지 않고 망아지처럼 뛰어 놀 수 있습니다. 이런 게 캠핑의 맛이죠!

2 여름 한정! 오크밸리 캠핑페스티벌

여기 오크밸리 캠핑페스티벌은 이른바 동화 속 같은 캠핑을 즐길 수 있는 특별한 장소, 아니 행사다. 골프장의 질 좋은 잔디 위에서 펼쳐지는 최대 규모의 캠핑 축제로 해마다 7월에 열린다. 아이와 함께 본격 캠핑을 즐겨 보고 싶다면 꼭 한번 참가해 보라고 엄지 척, 하고 싶은 곳. 예쁜 텐트가 옹기종기 모여 있어서 마치 스머프 마을에 온 것 같은 기분을 만끽할 수 있기 때문이다. 골프장 좋은 잔디에서 밤새도록 비를 맞으면서도 전혀 힘들지 않았을 만큼 기분 좋은 기억들이 남아 있다. 캠핑 페스티벌 기간 동안 오크밸리 리조트에 있는 야외 실내 수영장을 이용할 수 있어서 더욱 좋았다. 해마다 광클릭으로 신청하고 싶은 최고의 캠핑 장소다. 아이들의 소꿉놀이도 본격 가동! 좋은 자연을 한껏 누리며 제대로 놀아 볼 수 있는 이곳에서 시간을 보낸 까꿍이들이 집에 돌아가고 싶지 않다며 발버둥(?)을 쳤던 기억이 아직도 생생하게 남아 있다.

www.oakvalley.co.kr

http://aroundvillage.kr

3 어라운드빌리지

고즈넉한 시골에서 즐기는 캠핑. 캠핑 장비가 없어도 필요한 장비를 대여할 수 있고, 게스트하우스까지 갖추고 있어서 아이들과도 안심하고 캠핑 기분을 즐기기 좋은 곳이다. 게스트하우스는 2인부터 6인까지 대가족이 묵을 수 있는 다양한 옵션이 장점. 숍과 카페 역시 아날로그 감성을 자극하는 포토 존이라 할 수 있어서 일반 캠핑장보다 만족도가 훨씬 높다.
특히 페스티벌 기간에 가면 다양한 볼거리와 프로그램이 준비되어 있어 낭만적인 분위기를 원하는 캠핑 초보자들에게도 적극 추천! 취향도, 가족 구성도 모두 다른 여섯 가족이 떼로 몰려서 갔던 어라운드빌리지 페스티벌이 모두에게 좋은 기억으로 남아 있다.

우리 넷, 두 번의 해외여행

: 힘들게 달콤했던, 심심하게 분주했던!

24개월 전 아가들의 비행기 무료 찬스를 놓치고 싶지 않아서 부랴부랴 한겨울 리조트 여행을 계획했었다. 머나먼 도시로 가고 싶었지만 어린아이들이 감당할 수 없을 테니 패스. 비행시간이 길지 않은 곳, 그리고 리조트가 발달된 곳이라면 역시 동남아가 1순위. 가장 저렴하게, 핫딜로 뜬 상품을 뒤지던 그때, 내 마음의 조건은 단 하나였다. 무조건 밥이 맛있을 것! 어차피 리조트의 키즈 클럽들은 36개월 이상이 되어야만 받는 곳이 대부분이라 공짜 비행기 혜택을 받는 아이들은 부모가 종일 케어할 수밖에 없다. 이른바 노동 여행이 될 확률이 높은 것이다.

그렇다면 누가 차려 준 밥이라도 먹어야 좀 덜 고단할 테다. 리조트 안에서는 사 먹는 것도 한계가 있을 것 같아 즉석 밥과 어른용 컵라면, 아이들 반찬으로 활용할 수 있는 김 등을 챙겨 들고 떠났었다. 그렇다면 24개월 미만이던 까꿍이들을 데리고 떠난 리조트 여행이 어땠느냐고? 하하하하! 다들 아시면서!

아름다운 풍경, 운치 있는 뒷모습. 그렇다면 앞모습은?

짐작되시죠? 이 여행이 어땠었는지!

처음 해외여행, 세부

겨울에 물놀이를 하고 싶다는 단순한 이유로 용감하게 떠난 4박 6일 해외여행. 추워서 바깥나들이가 어려운 아이들은 그곳이 당연히 즐거웠겠지만, 엄마인 나, 아빠인 그는 지루하거나 고단하거나! 그 둘 사이를 하루 종일 반복했던 여행이었다.

사실 리조트의 장점은 밖으로 나갈 일이 없게 모든 것이 완벽하게 갖춰져 있다는 점. 그런데 막상 하루쯤 지나고 보니 고개만 돌려도 보이는 야자수가 식상하고, 처음에는 맛있었던 리조트 조식도 금세 싫증이 났던 거다. 물놀이를 하다가 엄마, 하면서 달려오고, 퐁퐁 뛰면서 놀다가도 엄마, 하고 뛰어오니 자리를 비울 수도 없었다. 덕분에 늙은 엄마는 선 베드와 일체형으로 붙어 있었던 기억만이 선명하다.

자, 그렇다면 결론! 물놀이를 매우 좋아하는 강철 체력의 아이들이라면 튜브와 수영복을 단단히 챙기면 된다. 다른 준비는 필요 없다. 그런데 사실 다녀오고 나서 든 생각은 그 돈으로 차라리 국내의 풀 빌라나 호텔 패키지를 즐기는 게 더 낫지 않았을까, 하는 약간의 후회였다. 물놀이 빼고는 집에서 노는 것과 하나 다를 바가 없었으니까!

다섯 살 생일 즈음의
방콕 시암캠핀스키는 별 다섯 개!

늙은 엄마 아빠는 아이들과 떠났던 첫 해외여행에서 깨달은 것이 있었다. 그래서 두 번째 여행은 도시와 휴양지가 섞여 있는 방콕으로! 풀 빌라형 리조트는 기본에다 눈을 즐겁게 하는 멋진 숍들이 연결되어 있어 아이도, 어른도 제대로 무르익었다.
게다가 커피 맛과 브런치의 세련됨을 제대로 평가할 수 있었던 여기, 방콕의 시암캠핀스키를 추천하고 싶다.

아이들과 함께 인생 체험하기

보너스 페이지

까꿍이들 자라는 동안 잘 썼지!

∴ 아가 살림살이 리스트

기억 상자
: 이다음에 애들 주려고 만든 보물

생각보다 빠르게 진행된 입양 심사로 엄마 공부가 한창이었던 때. 지인에게 받은 출산 준비물 리스트대로 눈썹을 휘날리며 준비하던 기억이 난다. 물론 그때 까꿍이들은 신생아가 아니었지만, 내 마음에는 신생아나 다름없었지.

엄마 준비가 부족하다, 가슴을 졸이고 있던 나는 리스트를 삼킬 듯이 보고 또 보고, 밑줄까지 그으면서 필요한 물품들을 구입했었다. 아이들이 오면 짠! 부족한 것 없이 맞이하려고 말이다. 피를 나눈 진짜 쌍둥이지만, 위탁 가정에서 따로따로 지내야 했던 두 아이. 그때 우리 까꿍이들은 저희들끼리도 서로 낯설어했다. 그런 아이들과 친해지기 위해서 갖은 재롱(?)을 다 부렸던 기억도 난다.

아이들 데려오기 전에 준비했던 수많은 물건들 중에 꼭 간직할 것들만 남겨둔 추억의 상자. 나중에 이 박스, 지금 이대로 아이들 결혼할 때 물려주고 싶다.

나름, 신생아용품
: 내가 써 본 것들에 대한 경험담

출산 준비물 준비는 신혼살림 때보다 더 떨렸었지. 아이용품 쇼핑은 엄마의 취향도 중요하지만, 기능성과 합리적인 가격도 놓치지 말아야 한다고 생각한다. 직접 구입해 써 본 결과, 가성비 최고라고 할 만한 아이템들을 추천한다.

턱받이

뭐든 한번 사면 끝을 보는 성격이라 실리콘, 패브릭, 방수 천 등 40개 가까이 구입했다. 그 중에서도 가장 잘 썼던 것은 실리콘 소재! 물로 휙 닦고, 삶아서 소독할 수도 있어 좋았다.

항공모자

추워질 무렵에 온 아이들을 위해 여러 개 구입해서 외출 시에 꼭 씌웠다. 되도록 순면 소재의 스판성 좋은 모자를 추천한다. 어릴 때부터 씌웠더니 커서까지 모자를 잘 쓰고 다닌다.

젖병

젖병은 집에서는 유리, 외출할 때는 폴리카보네이트 소재로 번갈아 사용했다. 설거지할 정신이 없을 확률이 높으므로 넉넉하게 준비해 두고 쓰기를 추천한다.

카터스 바디 수트 www.carters.com

내장 기관이 아직 자리를 못 잡은 아가들에게는 고무줄 바지가 안 좋다고 해서 올인원을 애용했다. 카터스 브랜드로 반팔, 긴팔, 올인원! 두 돌 지나서까지 몇 백 장은 사서 입힌 것 같다.

첫 신발, 올드솔 leeve.co.kr

일명 걸음마 신발 브랜드. 발레 슈즈 만드는 곳이라기에 믿고 구입했는데 잘 신기고는 시집 장가갈 때 챙겨 주려고 간직하고 있다. 국내에서는 공식 수입원인 리베몰에서 판매한다.

소피 기린 치발기

무엇이든 입으로 가져가는 아이들을 위한 치발기. 뽁뽁이 소리도 나고 모양도 예뻐서 구입했다. 여러 곳에서 팔고 있으니 가격을 잘 살펴보고 고르면 되겠다.

스와비넥스 노리개젖꼭지 클립
3종이 세트다. 유모차나 옷에 고정시킬 수 있는 체인이 연결된 집게가 있어서 사용하다가 아이들이 바닥에 떨어뜨리는 불편함을 막을 수 있다. 온라인 검색으로 구입할 수 있다.

애착 인형
선물 받은 남녀 인형 세트는 은호가 물고 뜯어서 세월의 흔적이 담겨 있다. 애착 인형은 무민과 멍멍이 등 다양한데 미리 사두는 것보다 아이가 좋아하는 것을 고르는 게 좋다.

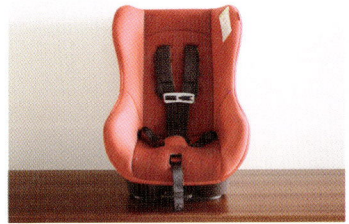

타카타 시스템4.0 카시트
아이들 카시트도 브랜드와 가격, 디자인 등 고르기가 쉽지 않은 아이템 중 하나다. 이 제품은 심플한 디자인에 가격도 적당해서 구입했는데 지금까지도 유용하게 쓰고 있다.

기저귀
처음엔 값비싼 유기농 기저귀를 썼다. 그런데 가격 감당이 안 되어 소셜 마켓에서 평이 좋은 것 위주로 저렴할 때 한꺼번에 구입해서 사용했다.

키친플라워 이유식 도마
고기와 채소는 반드시 구분해서 사용해야 마음이 놓여서 삶을 수 있는 실리콘 제품이 여러 개 세트로 된 것을 구입했다. 사이즈가 작은 것이 자리 차지하지 않고 다루기도 편리하다.

베이비 우에무라 & 베베락 이유식 용기
이유식 재료를 잘게 다져서 보관하는 용도로는 100ml 용량 8개가 세트로 들어 있는 우에무라 제품을, 다 만들고 나서 냉장이나 냉동 보관할 때는 베베락 이유식 용기 밀폐형을 사용했다.

쿨키즈 쌍둥이 유모차
지금까지도 놀러 갈 때 유용하게 사용한다. 쌍둥이뿐 아니라 유모차는 엄마 혼자서 펼치고 접고, 차에 실을 수 있으려면 가볍고 조작이 간편한 것이어야 하는데 이 제품이 여러모로 만족스럽다.

에르고 베이비 & 토드비 힙시트 아기 띠
사람마다 사용감이 다르겠지만 나는 안아서 재울 수 있는 것으로는 에르고 베이비 제품을, 잠깐씩 안아 줄 때는 토드비 힙시트 아기 띠를 주로 사용했다.

범퍼 쿠션 www.wemakeprice.com
안전 매트인 범퍼는 위메프에서 '범퍼 쿠션'으로 검색해서 기성품을 주문했다. 속통은 진드기 억제가 되는 마이크로 파이버 속통을 끼웠다.

피셔프라이스 점퍼루
점퍼루와 바운서는 아는 엄마가 물려준다고 했을 때 알록달록 플라스틱이 싫어서 망설였는데, 이거라도 있어야 밥 한술이라도 뜰 수 있다며 보내 주었다. 잘 쓰고 곱게 닦아 다른 친구에게 물려주었다.

위닉스 WSC-509BWC 에어 워셔
아이 용품에는 별 관심 없지만 건강과 관련된 것은 꽤나 깐깐하게 따지는 아빠가 자료 조사와 사용 후기 등을 매의 눈으로 검색해서 구입한 것. 에어컨도 없는 집에서 큰맘 먹고 구입한 전자 제품이다. 공기 청정까지는 아니지만 가습기의 업그레이드 버전이라고 생각하면 될 것 같다. 공기청정기는 아직 들여놓지 않았는데 공기청정기보다는 날 좋을 때 환기를 자주 시키는 것이 더 낫다는 생각 때문. 스위치 홀릭 은호가 마음대로 눌러서 높이 올려놨다.

뮤라 방수요 & 베이직 크림 타월
www.mula.co.kr
일명 국민 방수요. 밀크 컬러의 거즈 원단으로 만들어 침대 위에 바로 깔아 일반 패드처럼 사용하면 좋다. 침대 밑에 깔고 지금까지 애용하고 있는 제품이다. 같은 브랜드에서 구입한 극세사 타월도 애용품! 잘 마르고, 가볍고, 부드러운 극세사 소재인데 극세사 특유의 번쩍거림은 없고, 면 원단처럼 천연 소재 분위기를 내서 더욱 좋다.

프로메이드 압축 휴지통
promademall.co.kr
나의 기저귀 전용 휴지통이었다. 두 아이의 기저귀가 하루에도 꽉꽉 들어차니 압축이라도 하지 않으면 종일 휴지통만 비우고 있었을지도!

스토케 플렉시 바스
아이들 목욕시킬 때 사용한 욕조. 접어서 보관할 수 있어서 가뜩이나 좁은 욕실, 자리 잡아먹지 않는 효자 상품이다.

세피앙 호크알파 식탁 의자
두 가지로 구입했다. 이동할 때 사용할 것은 피셔프라이스 플라스틱 제품으로, 집에 둘 것은 원목 소재의 세피앙 호크알파 브랜드의 식판이 없는 네이처 컬러를 골랐다.

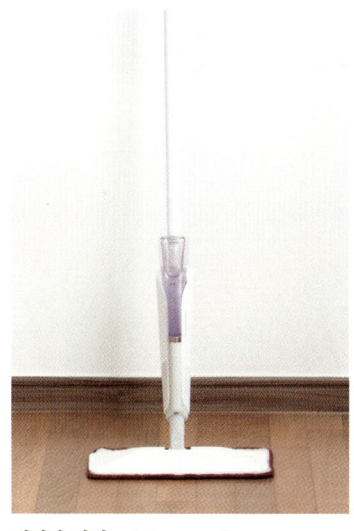

캐치맙 걸레 catchmopmall.com
극세사 걸레와 분무기 기능의 만남. 바닥의 먼지를 제거할 수 있고 물을 분사하면 깨끗하게 닦여 물걸레질을 한 것 같은 효과를 기대할 수 있다.

아이 방 살림살이 : 엄마가 더 좋아하는 장난감도!

알록달록한 아이 살림이 많은 게 싫어서 수납 가구 하나를 들일 때도, 책상 하나를 들일 때도 고민이 많았다. 나와 같은 고민을 하는 엄마들에게 지금까지 후회 없는 아이용품 쇼핑 리스트를 털어놓아 볼까?

이케아 침대 www.ikea.com/kr/ko
범퍼가 딸린 아기 요를 졸업한 뒤 구입한 침대. 이케아 제품으로 디자인이나 가격 면에서 만족스럽다. 초등학교에 들어가고 둘이 방을 분리하면 다시 고객님 스타일대로 바꿔야 할 것 같아서 저렴한 것으로 골랐다.

메리봉봉 누빔 이불
www.merrybonbon.com
안쪽은 거즈 원단, 겉면은 리넨이나 면! 누빔 매트는 가볍고 엄청 빨리 마른다는 장점이 있다. 처음엔 원단 끊어다 바느질을 맡겼지만, 좋은 제품을 사서 쓰는 게 낫다는 걸 알게 되었다. 아이들을 위한 침구와 갖은 제품들이 있는 메리봉봉은 나의 단골 브랜드.

아이 방 2단 북 박스
우리홍익가구나라 02-336-4139

장난감 대신 책을 들여놓고 싶어서 맞춘 것인데, 나중에 분리해서 원하는 모양으로 쌓을 수 있도록 블록 모양으로 주문했다. 두 단을 쌓아도 아장아장 걷는 아이들 키보다 낮은 사이즈라 붙잡고 일어서기, 걸터앉기, 올라타기 등 다양한 놀이가 가능했다. 특히 아이 방을 확장했을 때 창문 밑에 놓으면 찬기를 어느 정도 막을 수 있다는 장점이 있다.
직사각 78×26×35cm / 정사각 39×39×35cm

전면 책장

역시 우리홍익가구나라에서 맞춤 제작한 것이고, 자작나무로 만들었다. 예전엔 주방 아일랜드 조리대 앞에 두었던 것인데 이사한 후에는 현관 옆 복도에 세워 두었다. 슬림한 폭이라 자리를 많이 차지하지 않고 책표지가 보이게 꽂을 수 있어 아이들이 직감적으로 표지를 보고 고를 수 있는 장점이 있다. 한 달에 한 번씩 책을 교체해 준다. 140×96×10cm

야마토야 책상

쌍둥이 제품으로 쓰기 좋은 책상. 서랍도 두 개, 의자도 두 개, 세트 용품인 흔치않은 디자인이다. 색연필이 묻어도 웬만한 것은 잘 지워진다. 디밤비 www.dibambi.com

이케아 장난감 주방 싱크대

쌍둥이들이 참 오랫동안 재미있게 가지고 논 장난감 중의 하나다. 엄마로서 꼽는 또 하나의 장점은 자잘한 소꿉놀이를 정리해둔 채 놓을 수 있다는 것! 세트처럼 보이는 자석 칠판은 비플러스엠(www.bplusm.co.kr)에서 구입한 것이다.

다이소 수납함 9개

다이소에서 판매하는 신발 수납함. 콤팩트한 디자인에 수납력도 좋아서 애용한다. 예전에는 냉장고 채소 보관용으로 사용했는데 자잘한 아이들 장난감 정리에도 아주 유용하다.

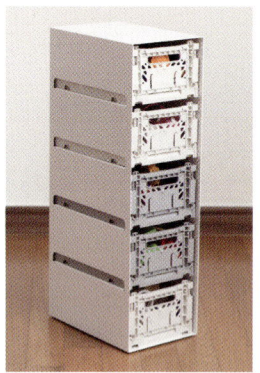

아베쎄데키즈 BOX A
www.abcd-kids.com

철제 프레임에 원하는 서랍을 맞춰 넣을 수 있는 시스템 서랍. 서랍으로 사용하는 박스는 착착 접히는 폴딩 시스템이라서 아이들의 자잘한 장난감을 넣어 정리하기 좋다. 서랍 폭은 박스 사이즈에 따라 고를 수 있다.

클라인 유아 카트

캐릭터 마트 카트가 싫어서 검색에 검색을 거듭한 끝에 구입한 제품. 아쉽게도 단종됐지만 요즘은 온라인에서 진짜 카트 닮은 아이들을 구입할 수 있다.

클라우드비 수면등
www.cloudbkorea.co.kr

일명 수면 인형, 불을 꺼놓고 스위치를 켜면 천장에 별자리 빔이 나타난다. 우리 집의 잠잘 시간임을 나타내주는 신호로 맹활약 하고 있다.

코스트코 주방 놀이 세트

요리하며 노는 것을 좋아하는 두 아이들이 잘 가지고 노는 주방 놀이 기구 세트. 코스트코에서 구입한 것으로 실제로 버튼을 누르면 기계가 작동하는 척(?)을 해 준다.

이케아 원목 카트
장난감을 담고 돌아다니며 원하는 곳에서 놀 수 있다. 원목 홀릭인 나의 마음에 쏙 든 제품이다.

쉬크부아 낱말카드와 포스터 http://blog.naver.com/bibs99
액자는 부담스럽지만 가벼운 포스터는 붙이고 떼기 편해서 액자처럼 활용한다. 쉬크부아에서 포스터는 물론 낱말카드도 구입해서 잘 활용하고 있다.

안나홈 액세서리 www.annahome.co.kr
은채의 헤어 스타일링을 책임지는 핀 가게. 봉봉 구름핀 홀더도 이곳에서 구입했다. 가장 마음에 드는 것은 리넨핀. 머리숱이 적어도 깔끔하게 고정되고 잔머리를 예쁘게 잡아준다.

원목 자석 놀이 도구
아이들이 잘 가지고 놀기도 하지만 간직해 두고 싶을 만큼 예쁜 자석 놀이 도구. 드제코(DJECO) 제품인데 온라인 검색을 하면 판매처들을 만날 수 있다.

어린이 식기
: 위생과 안전이 먼저!

먹는 게 세상 중요한 엄마는 다른 무엇보다 먹이는 일에 가장 열심이었다. 만 두 돌이 될 때까지 하루 세 끼 집 밥으로! 나들이도 도시락 풀 장착하고 나서는 극성 엄마였으니까. 이렇게 열심을 기울인 덕분에 아이들도 음식 가리지 않고 잘 먹고, 내 눈에 차고 넘치게 예쁘게 큰 거라고 믿고 싶다. 세 끼 잘 차려 줘야 하니 그릇이나 매트, 커트러리도 이것저것 시도해 볼 수 있어서 소꿉장난하는 것처럼 재밌었지!

토미티피 스파우트컵
빨대 컵 전에 물 마시는 데 필요한 손잡이 달린 첫 물컵. 꼭 사야 하는 것은 아니라고 생각한다. 까꿍이들은 그렇게 많이 사용하지 않고 바로 빨대 컵으로 넘어갔다.

써모스 푸고 빨대 컵
원터치 오픈, 보냉 가능, 실리콘 빨대 교체 가능. 스테인리스 내부 소재로 위생적으로 관리할 수 있다는 장점이 있는 기능적인 아이템이다.

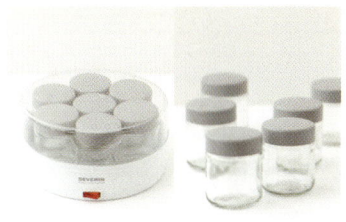

세버린 요구르트 제조기
요구르트 용기가 유리인 데다 케이스가 깔끔해서 구입한 제품. 밤이면 유기농 우유와 마시는 요구르트를 섞어 만들어 두는 게 하루 일과의 마무리였다.

피셔프라이스 과즙망
과일을 꿀꺽 삼키지 못하도록 돕는 제품이다. 과일을 조각 내어 먹을 수 있게 해 준다. 식탐 있는 우리 아이들에게 매우 요긴했던 살림살이였다.

트래블러스 쿨러백
가볍고 보냉이 잘 되는 제품. 넉넉한 용량에 비해 부피가 부담스럽지 않은 소프트 재질이 쓸수록 마음에 든다. 아이 이유식과 도시락을 이고지고 놀러 다닐 때 편하게 사용했다.

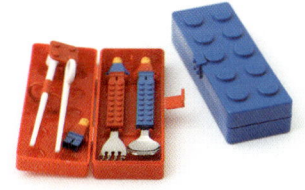

블록 수저, 포크 세트 www.remedish.com
그릇보다는 커트러리가 상을 차릴 때 분위기 전환에 도움이 된다. 나들이 할 때 유용한 레고 모양의 수저, 포크 세트는 리메디쉬에서 구입.

굿빈 빈토 스낵스
전자레인지, 식기세척기 사용이 가능한 간식 용기. 간단한 간식을 담거나 과자와 과일 등을 소분해 놀이터에 갈 때 가지고 다니기 편리하다.

써모스 애니멀 보틀 380 ml
스테인리스 스틸 소재의 빨대 컵이 장착된 물병이다. 보냉은 안 되지만 얼음을 채워 주면 시원함이 오래간다.

컬러 칩 커트러리
www.cocorobox.com
플라스틱 컬러 칩 손잡이가 예뻐서 구입한 제품. 컬러도 여러 가지라 식구대로 원하는 컬러를 정해서 쓸 수 있다. 코코로박스에서 구입했다.

옥소 숟가락, 포크
www.oxokr.com
스스로 먹기 시작하면서 사용한 최초의 숟가락, 포크. 아이들이 쥐기 편하게 인체 공학적으로 설계된 제품이라 식탁에 가장 많이 올라온 커트러리다.

법랑 커트러리
www.missdal.com
나의 단골 살림살이 숍 미스달에서 구입한 법랑. 예뻐서 어디에라도 세팅하면 폼 난다.

문도방 유기 커트러리
매일 쓰지는 않지만, 생일 꼭 꺼내는 유기 커트러리. 무형문화재 9호 김형준 장인이 만든 수저와 포크는 문도방에서 판매한다.

쁘드미엘 실리콘 음료수 홀더, 레인보우 홀더몬 www.dibambi.com
팩 음료나 팩 우유를 먹을 때 유용한 아이템. 실리콘 재질이라 외출할 때 가방 안에 툭 던져놓고 다녀도 덜그럭거리는 소리도 없고 휴대가 간편하다. 손잡이를 잡아당기면 사이즈 조절이 가능해 다양한 크기의 팩 음료를 고정시킬 수 있다.

아날로그라이프 실리콘 식탁 매트
www.aloglife.com
모양도 빛깔도 마음에 들었지만 무엇보다 실리콘으로 만들어 물로 닦아가며 쓸 수 있어서 더욱 좋은, 그래서 지금도 거의 매일 식탁에 오르는 매트. 어른들과 함께 쓴다.

자주 실리콘 볼 www.jaju.co.kr
폭 7cm 정도의 실리콘 볼. 말랑말랑 촉감이 좋고 떨어뜨려도 깨질 염려가 없다. 반찬이나 견과류 같은 간식을 담아주기 좋다. 나중에는 간장이나 돈가스 소스 등을 담아 주거나 도시락 통 안에 끼워 넣고 사용했다.

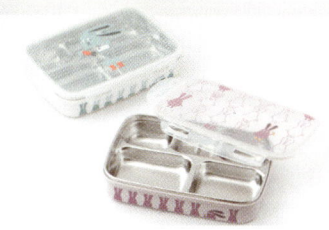

자주 식판 도시락
본체는 스테인리스 스틸에 뚜껑은 밀폐가 되어 구입한 식판 도시락. 아이들에게 무염식을 고집할 때 이 도시락에 밥과 반찬을 싸 가지고 다녔다.

자주 도자기 식기
도자기로 만든 유아용 식기라는 점이 마음에 든 데다 심플한 일러스트나 숫자가 보기 좋아서 구입. 즐겨 사용했던 그릇이다. 지금도 잘 쓰고 있다.

여우자기 한식 도자기 그릇
www.yeowoojagi.com
아이들이 그릇을 집어 던지지 않을 정도로 자란 뒤에는 멜라민이나 플라스틱 그릇보다는 도자기 그릇에 밥을 차려 주었다.

리메디쉬 모던 컬러 파스타 볼
www.remedish.com
파스타나 카레 등 일품요리를 담기 좋은 적당한 높이의 손잡이 접시. 지름 20cm 정도의 깊이 있는 접시가 활용도가 가장 높아서 자주 사용한다.

프랑프랑 미키 식판
깔끔한 화이트가 마음에 들어 인터넷으로 구입한 제품. 일본 프랑프랑 제품으로 간단한 일품요리나 간식을 담아 줄 때 편리하다.

어린이집 용품
: 매일의 물건이니까 실용성을 보고!

어린이집 용품은 아이 이름은 꼭 써야 하고, 빨래도 쉬워야 하고 무엇보다 캐릭터 무늬가 현란하지 않고 예뻐야 한다는 게 나의 지론.

달앤달 낮잠 이불 패드
www.dalanddal.com

아이들 낮잠 이불 패드는 어린이집 다닐 때 필수 품목. 은근 예쁜 것 찾기 힘든데 달앤달에서 구입한 이 제품은 견고해서 매주 세탁기에 돌려도 끄떡없다.

달앤달 어린이집 수건

요일별로 준비해야 하는 어린이집 수건은 걸이가 있어야 할 것, 다른 아이들과 구별되어야 할 것 등의 조건이 있어서 아이들 이름을 자수로 새겨 주는 제품을 골랐다. 5개 세트 제품. 매일 선생님이 가방에 넣어 보내 주면 고이 세탁했다가 월요일에 한꺼번에 보내 주었다.

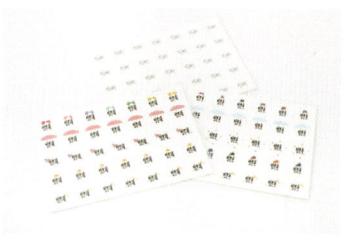

달앤달 여벌 옷 파우치

하루에도 몇 번씩 옷을 갈아입어야 하는 아이들을 위해 어린이집 가방 안에 꼭 넣어 두었던 파우치. 입었던 옷을 담아오곤 하는데, 물에 젖어도 상관없는 소재에 가벼워서 사용하기 매우 편하다.

네이밍 스티커 www.envyya.com

도시락 통이나 개인 물품에 붙일 수 있는 일반 스티커부터 옷이나 신발에 열로 부착시켜 세탁이 가능한 의류용 네임스티커까지 구입할 수 있는 곳이다.

수아비 실내복 www.suabi.co.kr

바디 수트를 졸업하고 쭉 입힌 상하의 내복과 팬티는 일 년 정도 큰 사이즈로 구입해서 해를 건너 입히는 편이다. 매일매일 빨아도 보풀이 일지 않고 촉감도 보드랍다. 신축성이 좋아서 아이들이 입으면 편안해하고 손목과 발목, 허리 부분에 시보리가 있어서 사이즈가 좀 넉넉해도 너무 벙벙하지 않다.

스킨케어 & 상비약
: 연약한 피부를 위하여!

아이들 피부가 건강한 편이라 다행이다. 그래서 보습 제품은 크게 까다롭게 고르지는 않은 편. 피지오겔 로션, 웨이트로즈 베이비 보디 버터, 맘비노 오가닉스 베이비 베스트 데일리 에센셜 로션 등을 골고루 사용했다. 건조한 계절에 은호가 피부 건조증 때문에 조금 가려워했는데 향기 나는 소꿉놀이 화장품으로 바꾸고는 걱정할 필요가 없어졌다.

향기 나는 소꿉놀이 화장품
www.playing-house.co.kr
아토피 아이가 있는 전문 아로마테라피스트 엄마가 직접 만든 핸드메이드 브랜드. 좋은 재료로 만들어 믿을 수 있는 데다 사용감이 정말 좋다. 모기퇴치스프레이, 선스프레이, 선크림, 아토크림, 샴푸, 보디 워시 모두 좋은데 스틱형 밤은 겨울 완소 아이템. 엄마 손에 묻지 않고 피부에 쏙 흡수되어 외출할 때도 필수품!

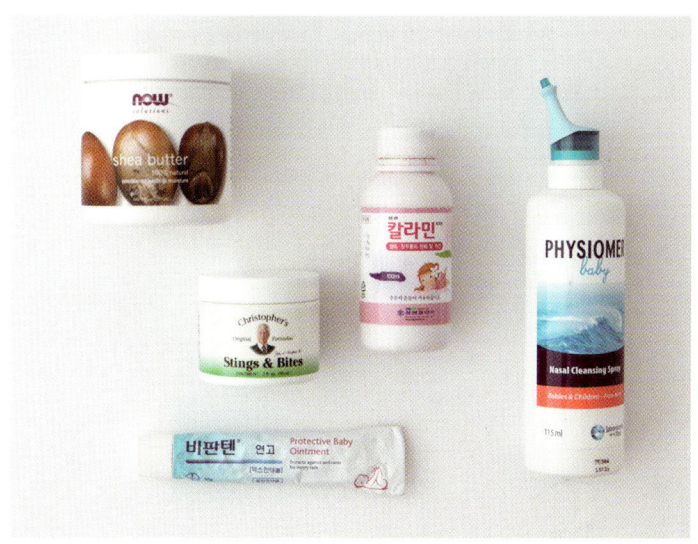

시어버터
여름에는 로션 하나만 바르고 끝이지만 건조한 날씨에는 오일이나 보디버터가 필요하다. 목욕 후 그냥 발라 주거나 크림이나 로션에 소량 섞어 마사지하듯 발라 주면 피부가 건조해지는 것을 막을 수 있다.

칼라민 로션
벌레 물렸을 때 딱딱하게 굳는 피부라면, 모기 알레르기 초기에 바로 발라 주면 농가진으로 가기 전에 제법 효과가 좋다.

피지오머
코 막혔을 때 눕힌 다음에 한쪽 코로 스프레이하면 다른 쪽 코로 코가 찍 나오는 제품. 이 피지오머를 손에 들기만 하면 아이들이 '다다다다' 도망간다. 그래도 코가 뻥 뚫려야 편안하게 잠들 수 있는 걸?

비판텐 연고
아무리 깔끔을 떨고 관리를 열심히 해도 기저귀 발진을 피할 수는 없다. 좋다는 건 다 써 봤지만 이 연고가 기저귀 발진에 최고!

책을 덮으며

아주 잠깐 울 엄마 생각, 내 아빠 생각

아이들과의 인생, 엄마로 사는 나날들에 대한
부끄러운 고백을 마치면서 생각했습니다.
무슨 얘기로 끝인사를 할까, 하고.
그러다 문득 나를 낳아, 내가 지금 내 아이에게 하듯
온 힘을 다해 키웠을 우리 엄마와 아빠 생각이 났습니다.
울컥, 괜히 그랬습니다.
그래서 언젠가 블로그에 고백했던
짧은 글 한 편을 일기인 듯 건네면서
인사를 대신할까 합니다.
읽어 주어 고맙습니다. 이 책이 엄마로 사는
우리 모두의 아주 작은 위안거리라도
되었으면 좋겠습니다.

그러지 말고요.

지금 엄마한테 전화하세요.

그냥 안부 전화 같은 거요.

"엄마, 별일 없어?

아픈 데는 없고?

뭐 드시고 싶은 거 있음 얘기하세요.

우리 고기 먹을까? 만나서 갈비 먹을까?

엄마, 아무 걱정 마세요.

내 걱정도 말고, 동생 걱정도 말고.

이제는 엄마부터 챙기세요. 엄마 몸부터.

엄마, 알지?

내가 엄마를 무지 사랑하는 거 알지?"

때로는 아빠한테 전화하세요.

엄마 말고 아빠요. 무뚝뚝한 우리 아빠.

"아빠, 뭐 해?

아직도 꼬박꼬박 반주하셔?

그러지 마세요. 몸도 생각해야지.
아빠, 쓸쓸하지는 않지?
내가 있는데 뭐가 쓸쓸해.
아빠, 우리 여행 갈까?
제주도라도 다녀올까?
보고 싶어요, 아빠.
일간 다니러 갈게요.
아빠, 알지?
내가 아빠를 어마어마하게 사랑하는 거 알지?"

둥이들 뒷바라지에 몸이 산산조각 나는 것 같은 날.
배고플까, 다칠까, 아픈 데는 없는지 마음 졸이게 되는 날.
이 녀석들 커서 뭐가 될까 싶은 날.
문득 엄마 아빠 생각이 났습니다.
그런데 저는… 엄마 아빠가 곁에 없네요.
너무 일찍 헤어졌어요.
그래서 잠시 콧잔등이 뜨거워졌습니다.
내 아이 백 번 챙길 때,
내 부모 한 번만 챙겨도 좋을 텐데.
그게 참 어렵습니다.
우리가 그러네요.

- 어느 해, 어떤 날의 블로그 일기 중에서 -

2014.

해마다의 소박한 기록, 가족사진을 찍으며

물나무사진관(www.mulnamoo.com)

2015.   2016.

아이들은 기다려 주지 않고 훌쩍 자라니까요.
그래서 지금을 기록합니다.
우리 부부의 탱탱한 날들도 점점 시들어 갈 거니까요.
그래서 사진을 찍어요.
다시 보면서 마음껏 그리워하도록 해마다 한 번쯤,
한껏 치장하고 가족사진을 찍습니다.
건강하자, 행복하자! 다짐하면서 말입니다.

엄마 라이프

초판 1쇄 발행 2017년 8월 30일

글 · 사진 | 이혜선
펴낸이 | 김우연, 계명훈
기획 · 진행 | fbook
　　　　　　김수경, 김연, 박혜숙, 김진경, 최윤정, 김윤수
마케팅 | 함송이, 강소연
디자인 | design group ALL(02-776-9862)
일러스트 | @basement__mk 오현민
제품 사진 | 한정수(etc. studio 02-3442-1907)
교정 | 김혜정
인쇄 | 다라니인쇄
펴낸 곳 | for book 서울시 마포구 공덕동 105-219 정화빌딩 3층
　　　　　02-753-2700(판매) 02-335-3012(편집)
출판 등록 | 2005년 8월 5일 제 2-4209호

값 19,800원
ISBN 979-11-5900-039-3　13590

본 저작물은 for book에서 저작권자와의 계약에 따라 발행한 것이므로
본사의 허락 없이는 어떠한 형태나 수단으로도 이 책의 내용을 사용할 수 없습니다.

※ 잘못된 책은 바꾸어 드립니다.